JN215745

After2020年
不動産オーナー＆都市農家が
負動産にしない
不動産 相続対策

青山財産ネットワークス
高田吉孝 著

日経BP社

まえがき

好調だった不動産価格の上昇は止まりつつある

２０１６年９月に出版した『やってはいけない 不動産 相続対策』（実業之日本社）では、当時とその後の市況を鑑み、不動産の現金化をテーマにしながら、巷で横行していた商品セールスが主体の相続対策、特に不動産を使った相続対策で選択を誤らないように警鐘を鳴らしました。おかげさまで重版もかかり、大変多くの相談、お問い合わせをいただきました。

私は前著を書いた２０１６年８月時点で、数年後の不動産価格について、「過熱感は高いもののバブル的な状況とまではいえないため、中国の不動産バブルが崩壊したり、欧州の金融システム不安が現実のものになるなど、大きなショックがないかぎり、急激な値崩れ（暴落）は起こらないのではないかと考えています。それは、1棟の収益不動産については根強い需要があるからです。」と述べました。前著の出版から2年半が経ち、2019年の不動産市況の趨勢を見ると、当時の予想どおり収益不動産の価格は、2016年～2017年ごろに大幅な上昇は止まりました。

それでも相続対策を中心にした富裕層向けの収益不動産については、変わらず高値圏・天井圏での推移が続いています。しかしながら、第2章で詳しく述べるように不動産融資にまつわるさまざまな問題による融資環境の変化により、一部の投資用不動産は値下がりに転じました。たとえ将来〝負動産〟（利益を生むどころか損失を生む不動産のこと）になりそうな不動産でも、それなりの価格で売却できる時代は過ぎ去ろうとしています。

また、2018年は投資用不動産だけでなく、実需向けの不動産で減速傾向が鮮明になり、新築マンション、戸建住宅ともに売れ行きが落ちました。

不動産市況の潮目は確実に変化しているのです。

とはいうものの、日本の経済状況だけで考えるならば、2020年の東京オリンピック後までは、不動産価格は大きく下がらないのではないかというのが私の持論です。

実需向けの不動産については、「オリンピック後に価格が下がれば買いたい」と考えている潜在需要層が多くいるといわれています。オリンピック後に価格が下落すれば、それまで住宅購入を控えていた層が動き出します。それが下支えとなるため、短期的には大きな価格下落は起こらないと見ています。

2025年以降は、首都圏でも「土地余り」「家余り」が顕著になる

しかしもう少し長い時間軸で見ると話は変わってきます。

2019年時点では、まだ団塊ジュニア世代（1971年～1974年に生まれた第二次ベビーブーム世代）およびその前後の世代の住宅需要が旺盛で、特に人口が増えている首都圏では土地や家が余っているという感覚を持つ人は少ないかもしれません。しかし、長期的には首都圏でも不動産価格は下落していき、人口減少が加速する地方はさらに価格下落のペースを強めるはずです。

第1章で詳しく説明しますが、**不動産価格が下落すると考える根拠は、中長期的な人口動態、特に新規に住宅を購入したり賃貸する中心となる20歳～49歳の減少です。**私はこの20歳～49歳の層を「新規住宅需要層」と呼び、今後の住宅需要を見るうえで特に重視しています。

今後は首都圏でも一部の人気エリアを除いて人口は減少するため、住宅需要の減少は避けられません。日本の総人口は2008年をピークに減少しており、2017年には1年間で

約40万人も減少しました。東京都品川区の人口は39万5106人(2019年2月1日現在)ですから、毎年、品川区がまるごとなくなるようなペースで減少しています。

今後、そのペースはさらに加速します。国立社会保障・人口問題研究所の「日本の将来推計人口(出生中位・死亡中位)」(平成29年推計)によると、日本の総人口(外国人を含む)は、2025年に60万人超、2029年に70万人超、2034年に80万人超、そして2043年には90万人超が1年間で減るとしています。その結果、2029年に日本の総人口は1億2000万人、2042年に1億1000万人、2053年には大台の1億人を割り込む見込みです。

総務省の「住宅・土地統計調査」を見ると、2013年時点ですでに全国の空き家数は820万戸(国内の総住宅数に占める空き家率は13・5%)まで増えており、その5年前(2008年)に行われた前回調査から63万戸も増加しています。最新の調査は、2018年に実施されましたが(結果は調査後1年以内の発表の予定)、結果が公表されれば空き家はさらに増えることは間違いありません。ちなみに、2018年6月に野村総合研究所が発表したレポートでは、2018年には空き家率は16・1%に達し、空き家は1026万戸まで増えると予想されています。

詳しくは第1章で説明しますが、今後、団塊ジュニア世代が50歳を超える2025年以降

図表1 ‖ 全国の20歳～49歳の人口推移の予測

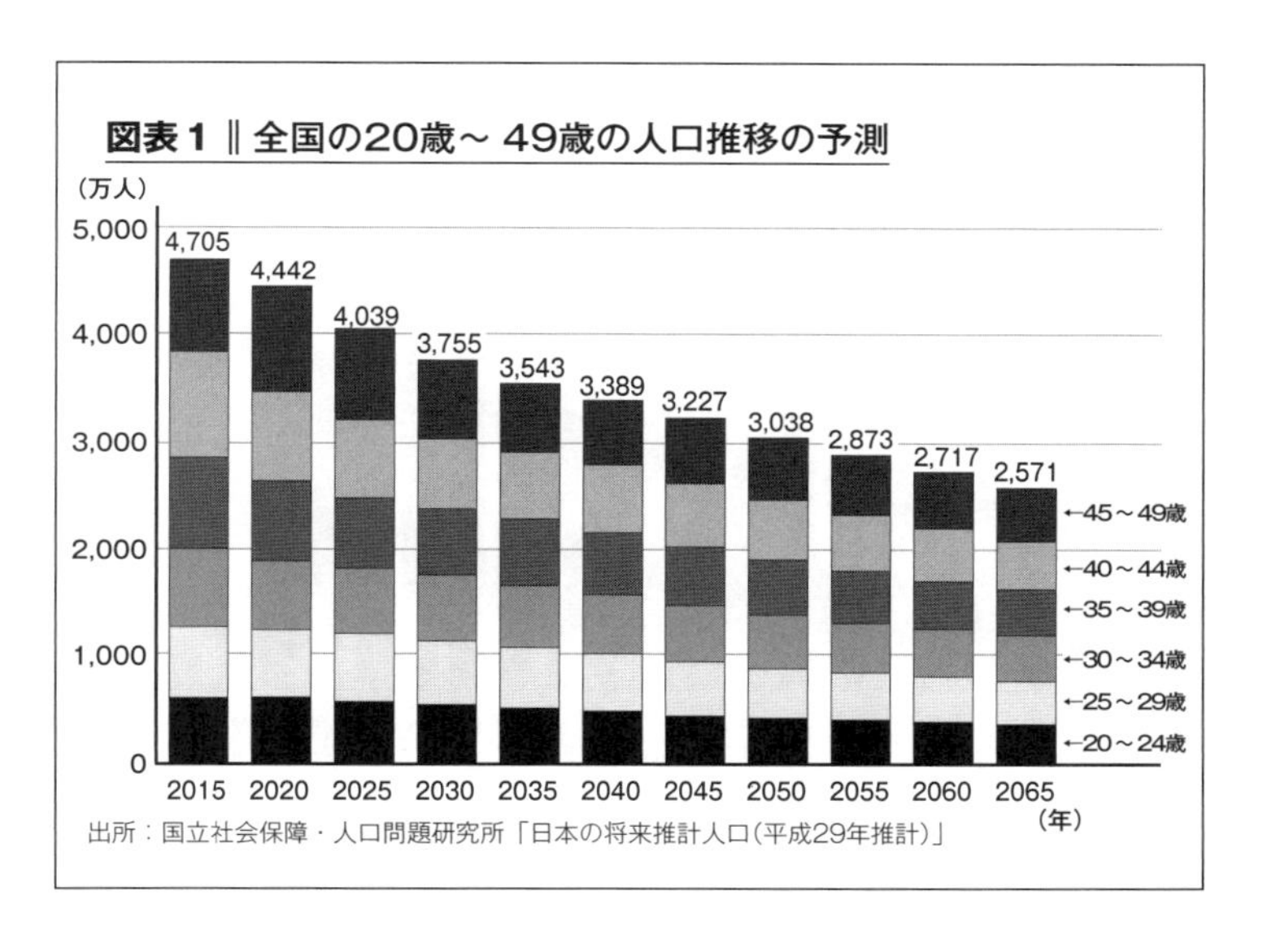

出所：国立社会保障・人口問題研究所「日本の将来推計人口（平成29年推計）」

は、新規に住宅を買ったり借りたりする中心となる20歳～49歳の新規住宅需要層の人口減少が加速します（図表1、2）。そうなれば、住宅需要は大きく落ち込み、「土地余り」「家余り」が顕著になるのは間違いないでしょう。

同時に団塊ジュニア世代の親の世代にあたる団塊の世代（1947年～1949年生まれの第一次ベビーブーム世代）は75歳を超え（図表2）、この世代が亡くなることによる相続発生件数が増加するのは確実です。しかも相続税は課税強化の方向にあります。特に地主層などの相続では、相続税を支払うために畑や駐車場などを売却せざるを得ないケースが増えると予想されるため、宅地の供給増加につながりそうです。

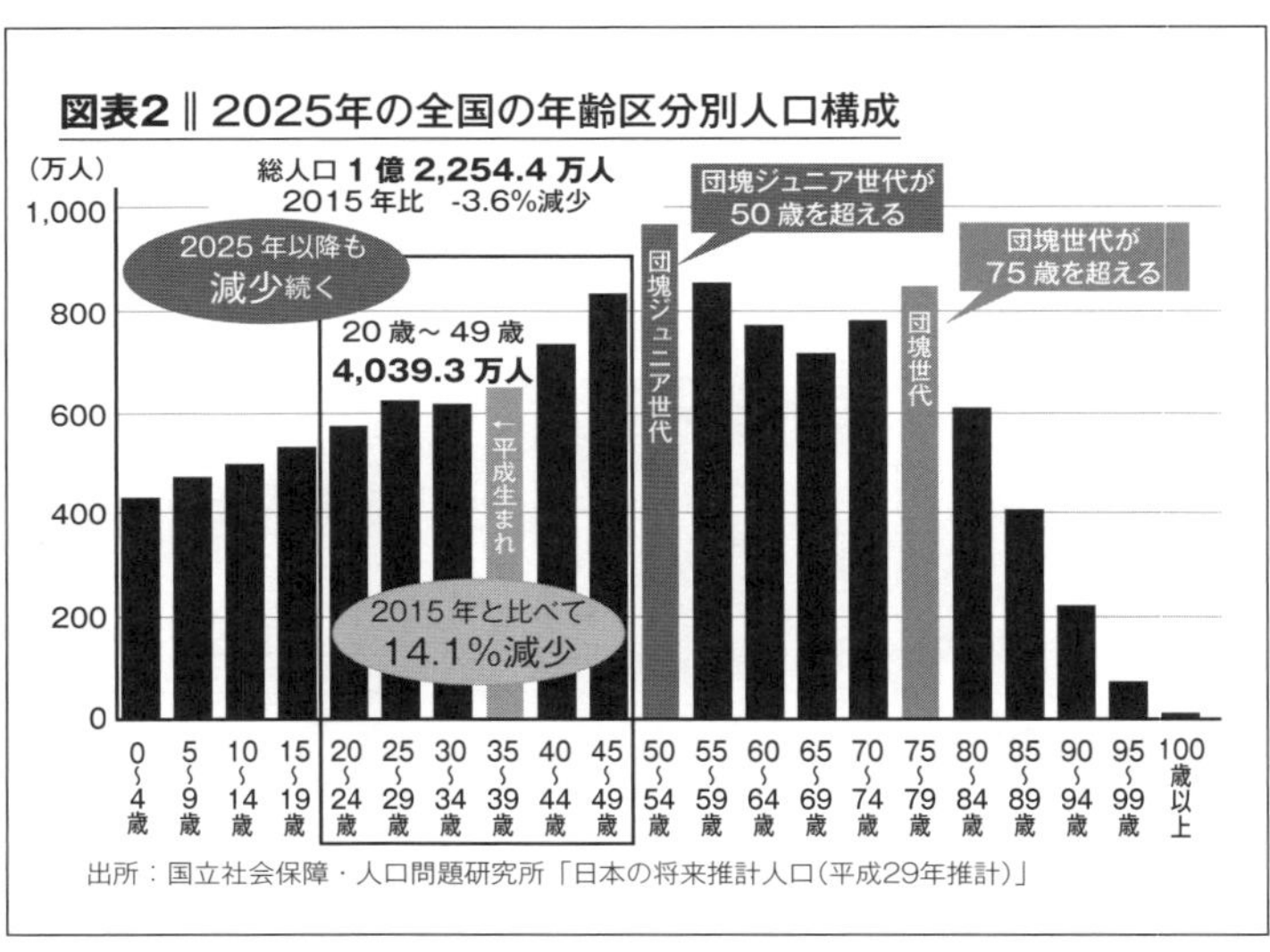

出所：国立社会保障・人口問題研究所「日本の将来推計人口(平成29年推計)」

人口減少で住宅需要が減少するのに、宅地の供給が増えるわけですから、土地価格は下落が続くと考えるのが自然でしょう。

相続税対策の賃貸住宅の建築ラッシュで供給過剰に拍車がかかった

図表3を見るとわかるように、アベノミクスの目玉ともいえる日本銀行による異次元緩和が始まった２０１３年ごろから貸家の着工数は増えていましたが、２０１５年に相続税が増税されると、相続対策としてアパートを建築する人が増えたため、その動きに拍車がかかりました。そして、２０１７年には、２００８年のリーマン・ショック後では最多となる41万９３９７戸を記録しました。

２０１８年は第２章で説明する金融機関によ

図表3‖貸家の住宅着工件数の推移（全国）

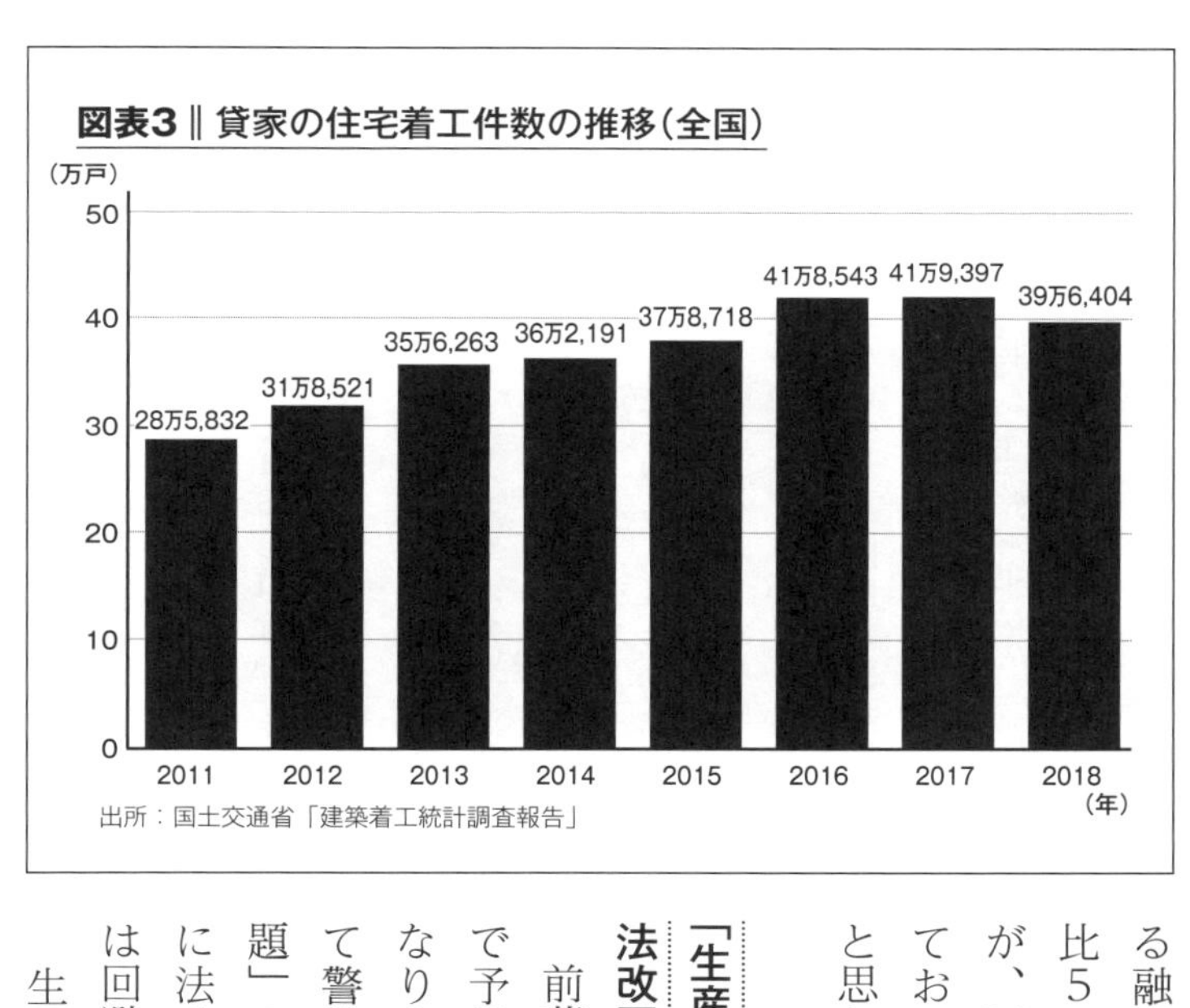

出所：国土交通省「建築着工統計調査報告」

る融資引き締めなどの影響もあり、対前年比5・5％減と7年ぶりの減少になりましたが、39万6404戸と依然高水準を維持しており、今後もある程度の量の供給が続くと思われます。

「生産緑地2022年問題」は法改正で回避の方向へ

前著『やってはいけない 不動産 相続対策』で予想したことは、おおむねそのとおりになりましたが、私が多くの専門家に先駆けて警鐘を鳴らした「生産緑地2022年問題」（宅地の大量供給懸念）は、前著発刊後に法改正などが行われたことで、その懸念は回避されると考えています。

生産緑地地区（以下、生産緑地）とは、

市区町村から指定を受けた市街化区域内で面積500㎡以上（2017年の法改正後は、条件を満たすと300㎡以上も可）の「農地利用」を条件にした土地（地区）のことです。農地利用が条件のため、売却したり、アパートやマンションなどを建てることは制限され、一般的に「売れない」「建てられない」「貸せない」土地といわれています。

生産緑地の指定を受けた土地は、簡単にその指定を解除できませんが、解除できる条件のひとつが、「生産緑地の指定日から起算して30年を経過したとき」でした。この制度が始まったのが1992年ですから、2022年に多くの生産緑地が指定から30年を経過するため、一斉に指定解除される可能性がありました。そうなれば宅地の供給が増え、土地価格が大きく下落する懸念があったため、その危険性に警鐘を鳴らしていたのです。

ちなみに、国土交通省が公表している「平成28年都市計画現況調査」によると、2016年3月31日時点で、全国に1万3187・6ヘクタール（大田区、世田谷区、豊島区を足した面積にほぼ等しい）、23区内だけでも428ヘクタール（東京ドーム91個分）という広大な生産緑地が残されています。

2017年4月に生産緑地法の一部が改正され、この懸念は緩和されましたが、「特定生産緑地制度」などが新設されるなど、生産緑地を所有する人は新たに知るべきことが増えています。こうした変更点やその変更にともなって考えなければならない対策については第5

章以降で詳しく説明します。

世界の経済情勢の急変を見越した心構えも大事

２００８年のリーマン・ショック後に日本の不動産価格が暴落したように、経済のボーダレス化が進んだことで不動産価格は世界経済にも大きく影響される傾向が強まっています。先述した日本の「新規住宅需要層」の大幅な減少などの国内要因だけでなく、目まぐるしく変化する世界の動きにも目を配らなければいけません。

私が特に気にしているのは、①米中貿易戦争の行方、②英国の合意なきＥＵ離脱（この①と②については本著が発売されるころには方向性が出ていると思いますので軟着陸できるような結果になっていることを祈ります）、③中国経済の想定以上の減速、などの影響によるリーマン・ショック級の世界的ショックの発生です。

海外でネガティブなインパクトが大きい出来事が起こり、その影響で日本の景気が大きく落ち込めば、結果として不動産価格が大きく下落する懸念があるからです。

また、こうしたネガティブな出来事が起きなかったとしても、日米ともに戦後最長を更新している景気回復期はいずれ終わります。過去を振り返っても景気循環と不動産価格の動きは強い相関性があることは明白ですから（図表４）、景気回復期の終わりが迫っていると考

図表4‖日経平均株価と公示地価累積変動率（東京都）の推移（1983年～2018年）

出所：東京都都市整備局「東京都の土地2017（土地関係資料集）」

えられる以上、不動産価格はいつ下落に転じてもおかしくありません。

みなさんは、予測が難しい世界経済も注視しながら財産を守る必要があるのです。

「不動産を負動産にしないためにはどうすればいいか？」

「やってはいけないことは何か？」

「将来的に財産を守っていくためには、今何をすればよいのか？」

不動産取引や相続、相続税をはじめとするさまざまな税金などについての専門知識が少ないみなさんのなかには、こうした悩みを抱えている方は多いと思います。

私は日常の業務で、不動産オーナーや都

市農家（地主）の方々の相続対策・不動産の活用に関する悩みをお聞きしています。そんな方々の悩みを解消できる一助になればとの思いで本書を執筆しました。

「やってはいけない」ことをせずに、いかに「やるべき」対策をとれるかで、その後に残る財産はもちろんのこと、人生の豊かさも大きく変わってきます。

本書がみなさんの大切に受け継いできた土地や不動産をはじめとする財産を守ることに貢献できれば、これほどうれしいことはありません。

2019年3月吉日

株式会社青山財産ネットワークス
執行役員　高田吉孝

目次

第２章　転換期を迎えた不動産投資市場の行方を占う

第3章　発想を変えれば、財産を守ることができる！

第4章 成功事例で学ぶ 不動産現金化時代の負動産とは無縁の〝財産を守る〟不動産対策

第6章　都市農家・地主の〝やるべき対策〟と〝やってはいけない対策〟

第1章

これから首都圏でも〝負動産〟が増加する理由

首都圏でも〝負動産〟は増加する

今後は、2つの異なるタイプの〝負動産〟が増えていく

近年、特に地方圏では収益を生むどころか、固定資産税などの税金を支払うばかりで資産を食いつぶすような不動産が増えており、〝負動産〟と呼ばれるようになっています。

その代表的なものは、維持費がかかるためにタダでも売れない、バブル時代に多く建てられた別荘やリゾートマンションです。また、住まない、使わない、売れない、貸せない地方の住宅（空き家となった実家）や、使い道がない山林や農地なども〝負動産〟の代表例です。

これらは相続時に大きな問題となっています。現時点では価値があっても、今後の人口減少によって、売れない、貸せない〝負動産〟に転落する不動産がますます増えていきそうです。

また、本来的には財産価値があるにもかかわらず、土地代金、建築費用の借り入れが多すぎて、その不動産からの収入よりも返済など支出が多くなり、借り入れが返済できなくなってしまう〝負動産〟も増えていく懸念が高まっています。

今後は、こうした2つのタイプの負動産が増えていくことになりそうです。

タイプ① 住みたい人、利用したい人がおらず、売るに売れない、貸すに貸せない不動産
タイプ② 財産価値はあっても借り入れが多すぎて、収入より返済が上回る不動産

前者は、住みたい人、利用したい人がいなくなり、誰も買いたい人がいなくなることで、売るに売れない〝負動産〟です。

私たちは以前より、書籍やセミナーなどで地価が四極化すると提唱していました。地価の四極化とは、土地が次の４つに分けられるようになることを指しています。

- **値上がりする土地**
- **地価が横ばいで推移する土地**
- **下落し続ける土地**
- **売れない土地**

「売れない土地」はまさに今、相続などで問題となっている負動産（相続したくない不動産）です。詳しくは後述しますが、**今後は地方だけでなく、人口減少とともに「下落し続ける土地」**

と「売れない土地」がさらに増加し、首都圏でも郊外から「売れない土地」が確実に増えていくでしょう。

"負動産"へ転落する典型的事例とは?

本書で特に取り上げたいのは、「売れない土地」のような負動産ではなく、タイプ②のような財産価値があるにもかかわらず、収入より支出が大きくなり、借り入れが返済できなくなってしまう負動産です。

実際に私のもとには、家賃下落によりキャッシュフローがマイナスになって借り入れが返済できなくなった郊外のアパートオーナーからの相談が増えています。

負動産に陥る理由は、建築費が異常に高かったり、管理がずさんで空室が多かったりとさまざまですが、近年増加しているのは、サブリース家賃の大幅な下落によるものです。

2015年の相続税増税による相続対策ブームで、ここ数年で多くのアパートが建てられてきました。第2章で詳しく説明しますが、サブリースによるアパート建築が急増して供給過剰感が出てきたことや、サブリース契約に関連した訴訟が増えるなど社会問題化していることから、金融機関はサブリースによるアパート建築に対する融資に慎重な姿勢に転じています。その結果、アパート建築ブームはピークアウトしましたが、それでも新しいアパートの供給は続きます。人口減少で需要は減るのに、アパートの供給は続くのですから、将来的には、すでに建築されたものから負動産になるアパートが増えていくでしょう。

たとえば、次のような提案を実行すれば、将来、負動産になる可能性が高いといえます。定年退職した父親が建築サブリース会社を信じ、アパートを建てようとしているのをなんとか阻止したいと相談に来た娘さん（45歳）が、その建設サブリース会社の提案書（事業収支計画書）を持参して相談に来た実際のケースです。

その提案書は、東京都八王子市（西八王子駅からバス20分）の土地140坪（時価5000万円）に、総事業費1億円（自己資金3000万円、借入9700万円）で、30㎡〜40㎡の1Kを6戸、1LDK（50㎡）3戸、駐車場6台のアパートを建てるというものでした。

建築サブリース会社が作成した試算表（図表1-1）では、1年目の収入が600万円で手取り収入が164万円、21年目では収入582万円（家賃下落率約3％）で、手取り収入が153万円となる見込みでした。しかも試算表ではリフォーム費用や大規模修繕費用は30年間かからないことになっていました（リフォームおよび修繕費ゼロパッケージプランのため）。

本当にリフォーム費用や大規模修繕（グレードアップ工事）費用といった一切の追加費用が発生せず、3％程度の賃料下落であれば、このアパートは父親の老後の収入源として大切な財産になります。

しかし仮に一切費用がかからないとしても、20年後（21年目）に家賃が30％下落していればどうなるでしょうか。その仮説の根拠はのちほど詳しく説明します。収入は４２０万円、手取り収入はマイナス９万円に落ち込み、収入よりも返済が多くなってしまうのです（図表1-2）。

提案書の20年後の想定家賃は３％下落ですから、20年間で30％下落すれば、当然のことながら手取り収入も計画どおりにはなりません。図表1-2の16年目ではかろうじて毎年の手残り額はプラス46万円になっていますが、実際には修繕費用などが発生しないわけがありませんので、20％程度の家賃下落が予想されるこのころには、収支が赤字になる可能性が高いでしょう。

建築してから10年後に訪れる保証家賃の改定時には、建築サブリース会社はこう言ってくるでしょう。

「サブリース家賃を下げないためには、グレードアップ工事が必要です」

建築サブリース会社が契約時には予定のなかった高額な追加工事を要求してくるのは常套手段です。結局、手取り収入のマイナスを避けようとしてその要求に従うと、手元にお金が貯まらず、持ち出しのほうが多くなってしまう――そんなケースが多いのです。これがサブ

図表1-1 ‖ 建築会社の提案書の21年目までの収支試算

※建築会社作成の事業収支計画書より抜粋

（単位：千円）

家賃下落率			11年目 ▲1.0%		16年目 ▲2.0%（累計）		16年目 ▲3.0%（累計）
経過年数	2年目	10年目	11年目	15年目	16年目	20年目	21年目
収入計	6,000	6,000	5,940	5,940	5,880	5,880	5,820
固定資産税	615	542	542	475	408	358	358
借入返済	3,744	3,744	3,928	3,928	3,928	3,928	3,928
リフォーム・修繕費	0	0	0	0	0	0	0
支出計	4,359	4,285	4,470	4,403	4,337	4,287	4,287
毎年の手残り額	1,641	1,715	1,470	1,537	1,543	1,593	1,533
借入金残高	91,399	67,840	64,909	52,736	49,577	36,457	33,053

図表1-2 ‖ 家賃の下落のみを考慮した収支シミュレーション

※あえて、追加費用は一切発生しない（0円）前提のまま

（単位：千円）

家賃下落率			11年目 ▲10.0%		16年目 ▲20.0%（累計）		16年目 ▲30.0%（累計）
経過年数	2年目	10年目	11年目	15年目	16年目	20年目	21年目
収入計	6,000	6,000	5,400	5,400	4,800	4,800	4,200
固定資産税	615	542	542	475	408	358	358
借入返済	3,744	3,744	3,928	3,928	3,928	3,928	3,928
リフォーム・修繕費	0	0	0	0	0	0	0
支出計	4,359	4,285	4,470	4,403	4,337	4,287	4,287
毎年の手残り額	1,641	1,715	930	997	463	513	▲87
借入金残高	91,399	67,840	64,909	52,736	49,577	36,457	33,053

リースアパートが〝負動産〟に陥ってしまう典型的なパターンです。

賃貸経験がある一般の大家さんでも30％の家賃下落を想定できる人は少ないので、この事例の父親のように賃貸経営の経験がなく、不動産の知識も乏しい人は家賃が30％も下がることは想像できなかったでしょうし、ましてやテレビCMを打つほどの有名企業が35年間家賃を保証するサブリース契約を結んでくれるのですから、素直に信用してしまったのは仕方がないかもしれません。

しかし、冷静に考えれば駅までバスという不便な立地で、検討時点ですでに賃貸アパートの空室が多いエリアです。八王子市は後述する新規住宅需要層人口が2035年には2015年に比べて約30％減少すると予測されているエリアなのです（図表1-8）。都心一等地ならまだしも、不便なエリアで建築費用のほぼ全額を借り入れれば、家賃が20％～30％下落すると家賃収入で返済をまかなえなくなる、いわゆる負動産になる可能性が高いことは予見できたのです。

すでにアパートを建てていたり、これからアパートの建築をしようとしていて、「自分のアパートは、この事例よりは好立地だから大丈夫だろう」と思った方もいるかもしれませんが、よほどの一等地でないかぎり油断はできません。第2章で後述しますが、金融庁による融資の実態調査では、「すでに地方の築20年のアパートの家賃水準が新築時より約25％下落している」という結果が出されています。事実として大きな家賃下落は起こっているのです。

以降では、首都圏（東京・神奈川・埼玉・千葉）でも、都心から離れた利便性に劣るエリアでは〝負動産化〟するアパートの増加が避けられないことを、人口推計を用いながら詳しく説明していきます。

人口推計から将来の賃貸需要を予測する

2045年でも首都圏の人口は微減？　総人口だけを見ては騙される

２０１８年３月に国立社会保障・人口問題研究所は最新の推計人口のデータを基にした都道府県別、市町村別にまとめたデータを公表しました。２０４５年の総人口は首都圏（東京都・神奈川県・千葉県・埼玉県の1都3県）全体でわずか6・2％しか減少しないという、賃貸住宅を建てさせたい建築サプリース会社にとっては都合のいいものになっています。

図表1-3のグラフは、２０１５年の首都圏の総人口を１００とし、各都県別の総人口の推移を5年ごとにグラフにしたものです。

首都圏合計の総人口は２０２０年をピークに減少しますが、２０１５年の総人口を１００とした場合、２０３５年で97・8、２０４５年でも93・8とそれほど大きな人口減少ではありません。東京都だけを見れば、２０４５年になっても２０１５年の人口は下回らない（１００・7）と予測されています。

神奈川県・千葉県・埼玉県の総人口は、２０２０年以降、減少の一途をたどるものの、対

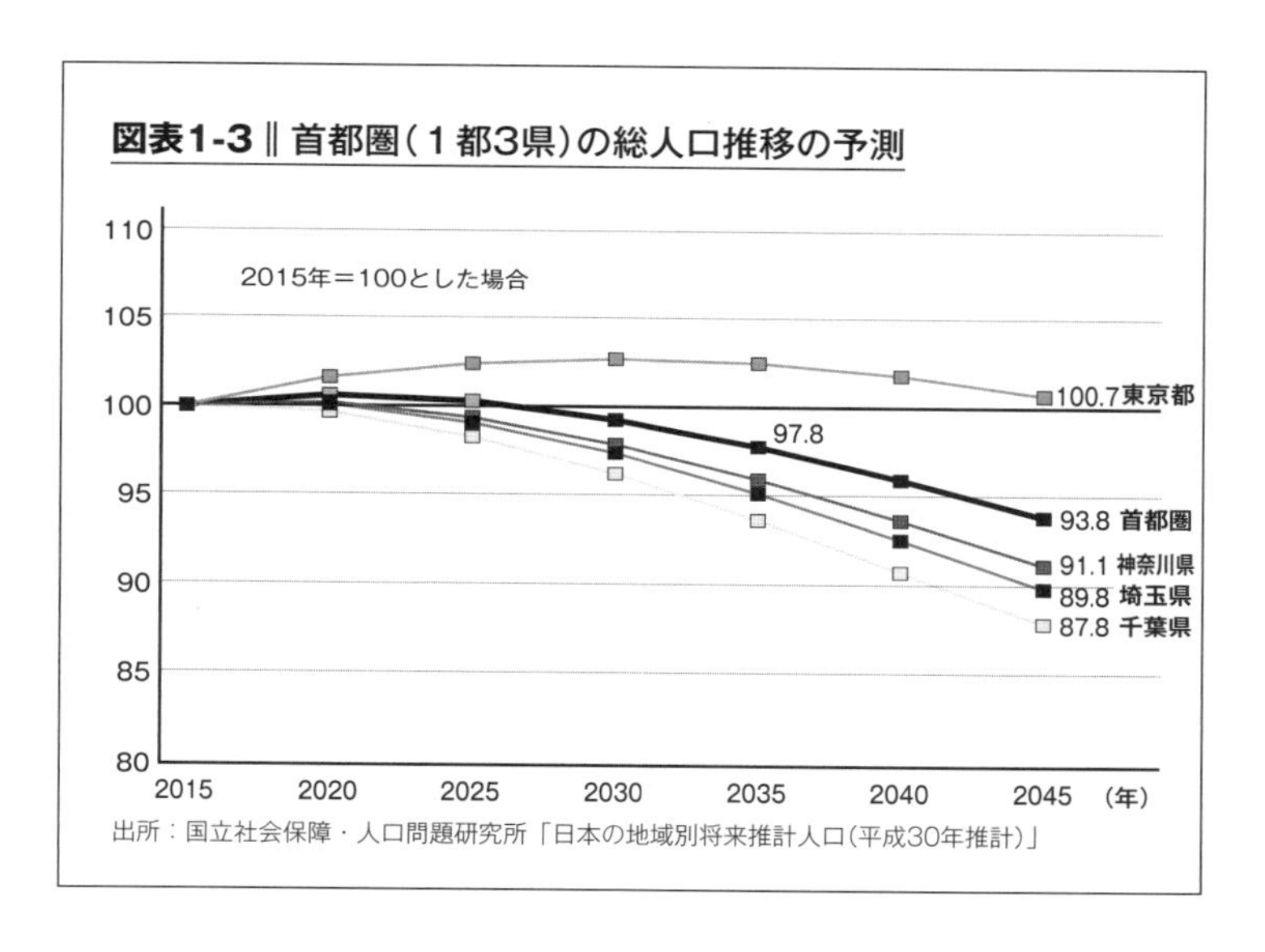

図表1-3 ‖ 首都圏（1都3県）の総人口推移の予測

出所：国立社会保障・人口問題研究所「日本の地域別将来推計人口（平成30年推計）」

２０１５年比で２０４５年には神奈川県が９１・１、埼玉県が８９・８、千葉県が８７・８といずれも10%前後と、全国ほど大きな人口減少ではありません。

建築サブリース会社は、このデータを用いて、「30年先もそれほど人口は減らないので、賃貸住宅を建てても**差別化などをすれば**空室が増える可能性は低い」とアピールするに違いありません。たしかに、30年経ってもあまり人口が減少しないというデータを提示されれば、首都圏の賃貸住宅需要の未来は、それほど悲観的なものではないように思えます。

重要なのは20歳〜49歳の「新規住宅需要層」

首都圏では今後20年間人口はあまり減り

ません。しかし、それを賃貸住宅需要が堅調に推移する理由とするには無理があります。**賃貸住宅の需給を考えるときは、総人口ではなく、新規に住宅を借りたり買ったりする中心層である20歳〜49歳（新規住宅需要層）の人口を見る必要があるからです。**

この層だけを抽出したデータは、総人口のデータとは大きく印象が異なります。図表1-4を見るとわかるように、新規住宅需要層の推計人口は減少の一途をたどります。首都圏（1都3県）では、2025年には対2015年比で88・1（177万人減）、2035年には80・6（289万人減）、そして2045年には76・3（354万人減）と大きく減少します。都県別に見ても、総人口に比べて新規住宅需要層の減少幅はかなり大きいことがわかります。つまり総人口が減少しないのは、新たに住宅を賃貸する可能性が低い高齢者が増えているにすぎないのです。このデータを見るだけでも、建築サブリース会社の営業マンの「首都圏の人口は2045年でもほとんど減らないので大丈夫」というセールストークを鵜呑みにはしていけないことがよくわかるのではないでしょうか。

市区町村別に人口推計（年齢区分別）を見ることが大事

東京都の総人口は2045年になっても2015年を下回ることはなさそうですが、東京都といっても港区や中央区といった中心部と都心部から50㎞以上離れた奥多摩町や檜原（ひのはら）村で

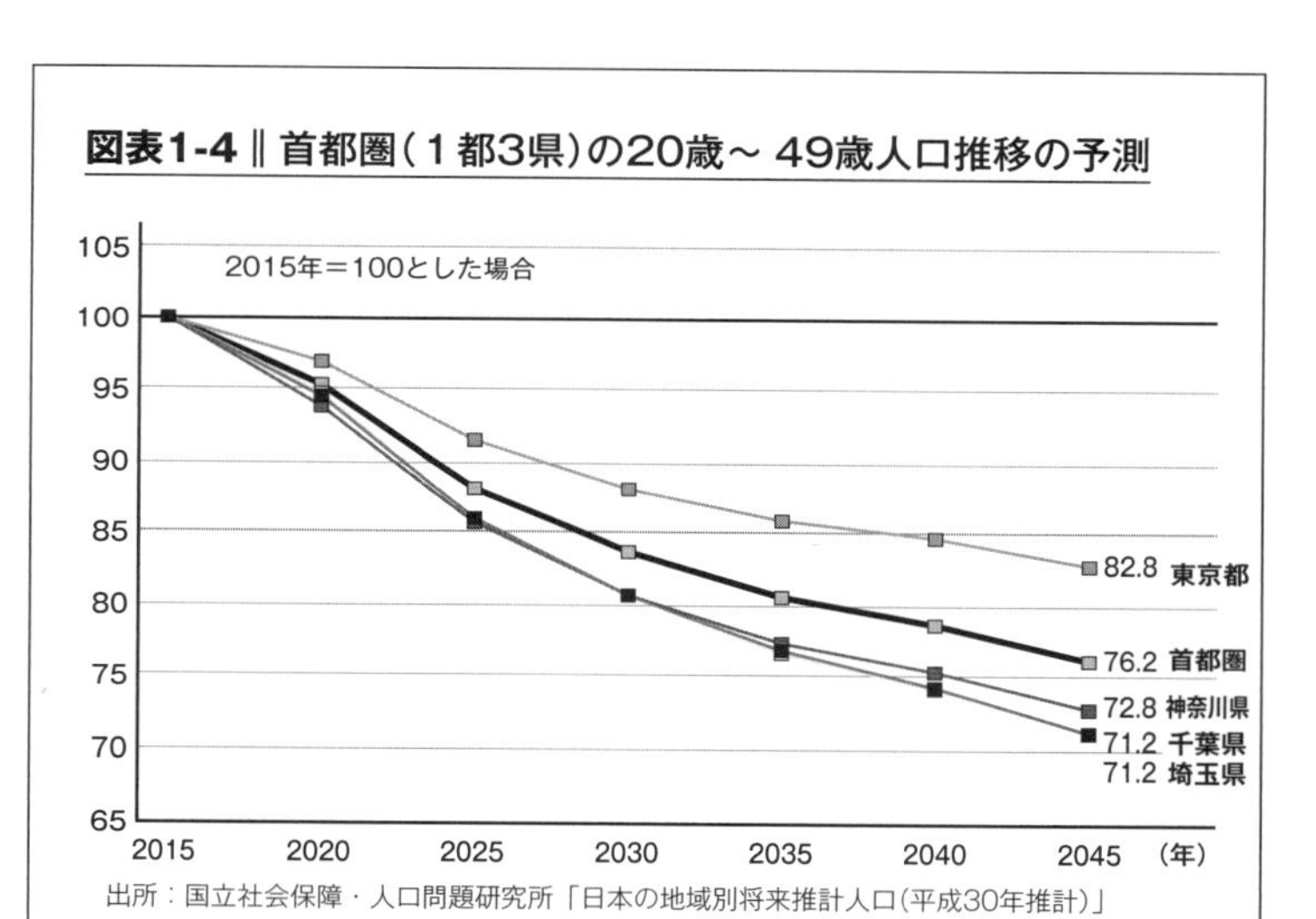

図表1-4 ‖ 首都圏（1都3県）の20歳～49歳人口推移の予測

出所：国立社会保障・人口問題研究所「日本の地域別将来推計人口（平成30年推計）」

は、当然のことながら賃貸需要がまったく異なります。賃貸需要を見極めるには、最低限でも市区町村レベルで将来の人口動態をつかんでおくべきです。

図表1−5、図表1−6は東京23区、図表1−7、図表1−8は大島・八丈島などの島嶼部を除いた53市区町村(23区26市3町1村)の2015年を100とした5年ごとの総人口と20歳～49歳の人口の推計です。

図表1−5を見るとわかるように、都心3区（中央区・港区・千代田区）の2045年の総人口は2015年に比べて大幅に増える一方、江戸川区、葛飾区、足立区などの一部の区では1割程度人口が減少すると予測されています。さらに、20歳～49歳の人口を見ると、都心3区を除いたすべての区でその層の

図表1-5 ‖ 東京23区の総人口の推計（2015年=100とした場合）

区名	2015年	2020年	2025年	2030年	2035年	2040年	2045年
足立区	100	**98**	**96**	**94**	**92**	**89**	**87**
葛飾区	100	**99**	**98**	**96**	**95**	**93**	**91**
江戸川区	100	**99**	**98**	**96**	**95**	**93**	**91**
北区	100	101	101	101	100	100	**99**
中野区	100	100	100	100	100	100	**99**
豊島区	100	100	101	101	102	102	101
世田谷区	100	101	102	102	103	102	101
新宿区	100	102	103	103	103	103	101
大田区	100	102	104	105	105	105	105
杉並区	100	102	103	105	105	105	105
墨田区	100	102	104	105	105	106	105
荒川区	100	103	105	106	108	108	108
目黒区	100	103	105	107	108	108	108
渋谷区	100	103	105	107	108	109	108
板橋区	100	104	106	108	109	109	109
練馬区	100	104	106	108	110	110	110
文京区	100	105	109	111	113	114	113
品川区	100	104	108	111	113	114	114
台東区	100	105	109	112	114	116	116
江東区	100	106	110	113	115	116	117
千代田区	100	111	120	126	130	132	133
港区	100	111	119	126	130	133	134
中央区	100	110	119	125	130	133	135

出所：国立社会保障・人口問題研究所「日本の地域別将来推計人口（平成30年）推計）」

図表1-6 ‖ 東京23区の20歳～49歳人口の推計（2015年=100とした場合）

区名	2015年	2020年	2025年	2030年	2035年	2040年	2045年
足立区	100	93	85	81	78	77	75
葛飾区	100	95	88	85	83	82	79
江戸川区	100	95	88	85	83	82	79
北区	100	100	97	94	93	92	90
中野区	100	95	89	85	82	81	80
豊島区	100	95	90	86	84	82	81
世田谷区	100	95	88	84	82	82	81
新宿区	100	100	97	94	92	91	89
大田区	100	99	96	94	92	91	89
杉並区	100	95	90	86	84	83	81
墨田区	100	101	98	97	96	95	94
荒川区	100	102	99	98	97	96	95
目黒区	100	100	98	95	94	94	93
渋谷区	100	96	91	88	86	85	84
板橋区	100	101	98	96	94	93	91
練馬区	100	97	93	90	88	86	84
文京区	100	102	100	98	96	95	93
品川区	100	101	99	97	96	96	95
台東区	100	101	98	96	94	94	92
江東区	100	101	98	97	97	96	95
千代田区	100	106	105	103	102	102	100
港区	100	105	104	103	102	102	101
中央区	100	104	103	103	103	103	103

出所：国立社会保障・人口問題研究所「日本の地域別将来推計人口（平成30年）推計）」

図表1-7‖東京市部の総人口の推計（2015年=100とした場合）

市町村名	2015年	2020年	2025年	2030年	2035年	2040年	2045年
奥多摩町	100	86	73	61	50	41	33
檜原村	100	87	75	64	54	45	38
福生市	100	94	87	81	74	67	60
羽村市	100	97	93	88	83	78	74
青梅市	100	98	95	91	87	83	78
瑞穂町	100	98	96	92	88	84	80
多摩市	100	99	97	94	90	87	83
八王子市	100	99	97	94	91	87	84
あきる野市	100	99	96	93	90	87	84
昭島市	100	99	97	94	91	89	86
日の出町	100	98	96	94	92	90	88
武蔵村山市	100	100	98	96	94	92	89
町田市	100	100	99	97	95	92	90
東久留米市	100	99	98	96	94	92	90
清瀬市	100	100	99	98	97	95	94
東村山市	100	97	97	97	96	95	94
武蔵野市	100	100	100	99	98	97	95
小平市	100	101	101	100	99	98	96
立川市	100	101	101	100	99	98	96
東大和市	100	101	101	101	100	98	97
国分寺市	100	101	102	101	101	99	98
府中市	100	101	102	101	101	100	98
国立市	100	101	101	101	101	100	99
日野市	100	102	103	103	102	100	99
西東京市	100	101	101	101	101	100	99
狛江市	100	101	102	102	102	101	100
稲城市	100	102	103	103	103	102	101
小金井市	100	102	103	103	103	102	101
調布市	100	103	104	104	104	103	102
三鷹市	100	102	104	105	105	105	104

出所：国立社会保障・人口問題研究所「日本の地域別将来推計人口（平成30年推計）」

図表1-8‖東京市部の20歳～49歳人口の推計(2015年=100とした場合)

市町村名	2015年	2020年	2025年	2030年	2035年	2040年	2045年
奥多摩町	100	78	59	46	35	28	23
檜原村	100	77	63	44	34	27	23
福生市	100	87	74	64	55	47	40
羽村市	100	90	78	71	66	61	56
青梅市	100	91	80	73	67	62	57
瑞穂町	100	93	84	77	71	67	61
多摩市	100	90	79	71	66	63	61
八王子市	100	93	83	76	71	68	65
あきる野市	100	93	82	77	73	70	67
昭島市	100	92	84	77	73	71	68
日の出町	100	94	84	79	77	78	79
武蔵村山市	100	94	85	80	76	74	72
町田市	100	93	84	78	74	72	70
東久留米市	100	93	84	79	76	74	72
清瀬市	100	94	86	82	80	78	76
東村山市	100	90	84	82	81	82	81
武蔵野市	100	94	87	83	80	79	77
小平市	100	96	89	86	83	82	79
立川市	100	96	90	87	83	81	78
東大和市	100	95	88	84	82	80	78
国分寺市	100	96	91	87	85	83	80
府中市	100	95	88	84	82	80	78
国立市	100	97	92	89	86	85	82
日野市	100	96	90	86	83	81	78
西東京市	100	95	88	84	82	80	79
狛江市	100	95	90	86	84	83	82
稲城市	100	94	86	82	79	78	77
小金井市	100	97	94	90	88	86	84
調布市	100	99	91	87	85	84	82
三鷹市	100	96	90	86	83	83	82

出所：国立社会保障・人口問題研究所「日本の地域別将来推計人口(平成30年推計)」

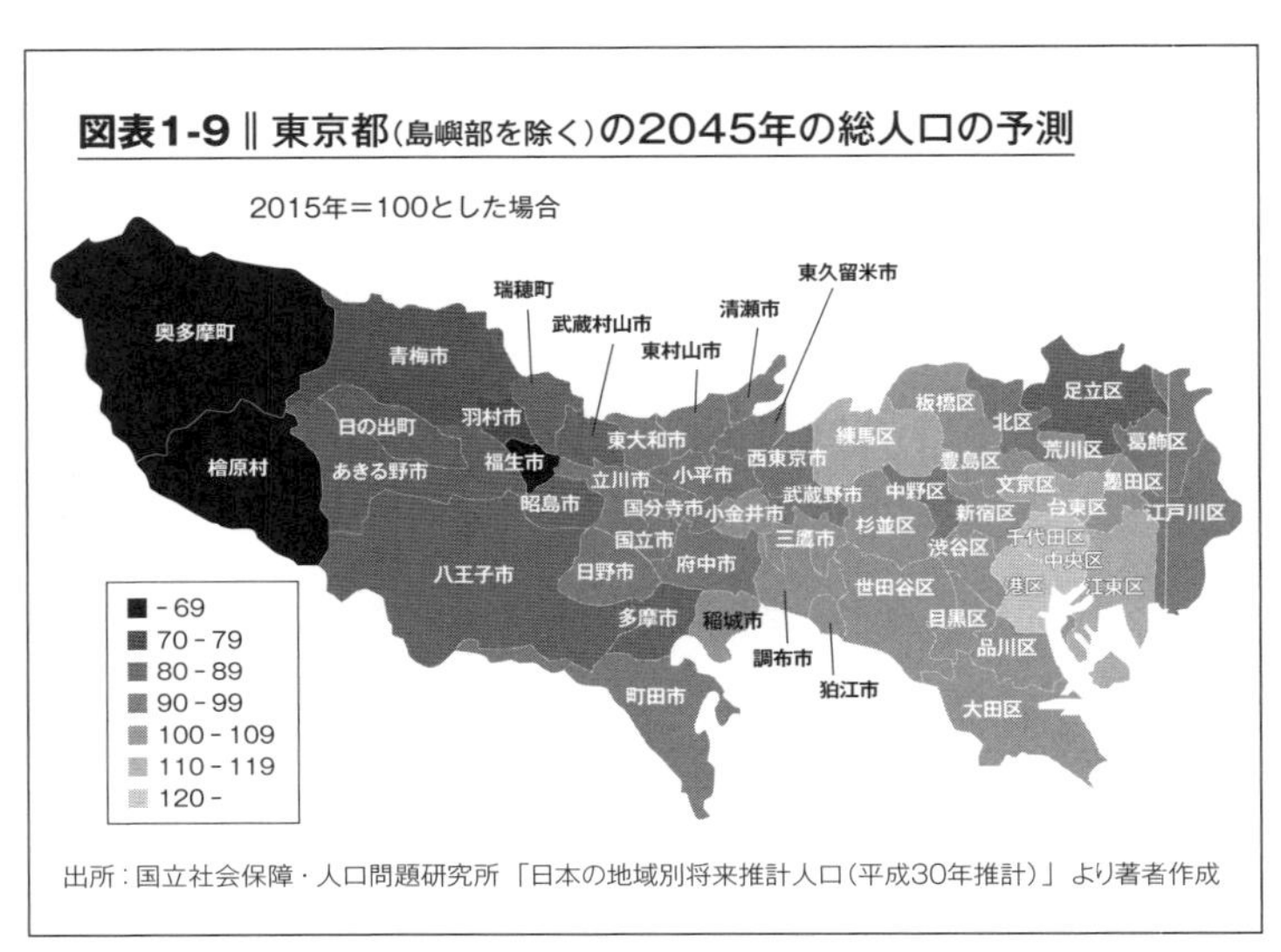

図表1-9 ‖ 東京都(島嶼部を除く)の2045年の総人口の予測

出所：国立社会保障・人口問題研究所「日本の地域別将来推計人口(平成30年推計)」より著者作成

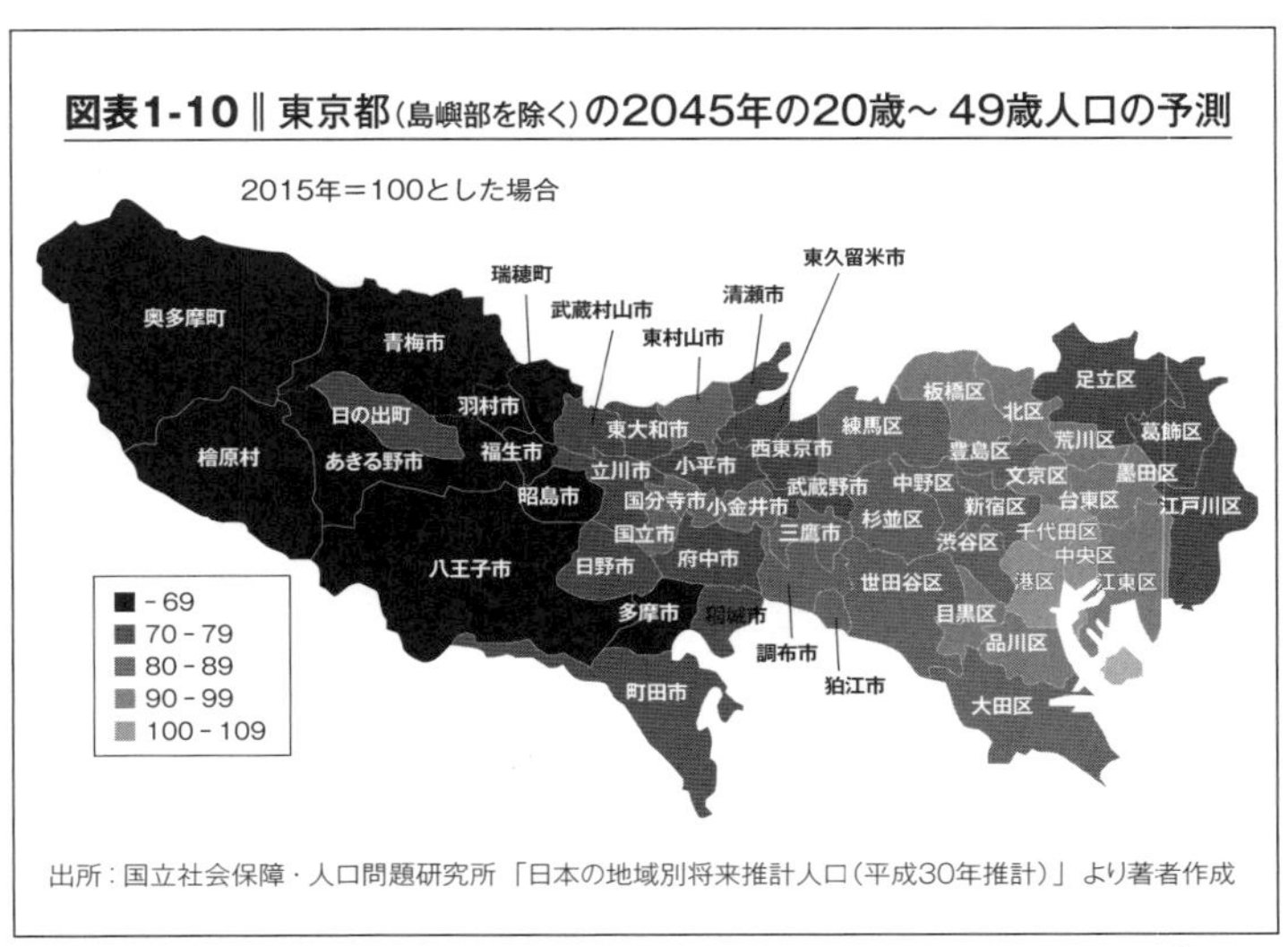

図表1-10 ‖ 東京都(島嶼部を除く)の2045年の20歳～49歳人口の予測

出所：国立社会保障・人口問題研究所「日本の地域別将来推計人口(平成30年推計)」より著者作成

人口は減少しています。

23区以外の30市町村の総人口（図表1-7）を見ると、２０４５年時点で２０１５年の人口を上回るのは、わずか5市（狛江市、稲城市、小金井市、調布市、三鷹市）しかありません。青梅市は22％減、福生市は40％減、奥多摩町にいたっては67％減という推計です。

20歳～49歳人口（図表1-8）の推計を見るとその結果はさらに深刻で、30市町村すべてで大幅な減少になっています。総人口が大きく減少する青梅市は43％減、福生市は60％減、奥多摩町は77％減とかなり深刻といわざるを得ない推計です。23区内でも20歳～49歳人口が２０４５年時点で２０１５年の人口を上回るのは都心３区だけで、足立区は25％減、葛飾区と江戸川区は21％減と大幅に減少する推計になっています。

このように市区町村別の新規住宅需要層の人口推計から将来の空室率や家賃の下落率を想定し、賃貸住宅を建築するかを判断すれば、将来的に賃貸需要が大きく減少しそうなエリアにアパートを建てるリスクを回避できます。また、資金計画（借入計画）を立てる際の大きなヒントにもなるのです。

負動産増加に拍車をかける「サブリース2025年問題」

値下げに応じざるを得ない厳しい現実

2025年○月△日、サラリーマン大家のAさん（60歳）のもとに建築サブリース会社から「サブリース契約解除についてのお知らせ」が届きました。その概略は次のようなものでした。

「周辺賃料相場の大幅な下落等により家賃改定のお願いをしてきたが、このままA様との合意に至らない場合、一括賃貸借（サブリース）契約書第×条（契約の終了）に則り契約を解除します」

Aさんは2014年に立川市北西部の土地50坪を相続しました。この土地を売却して都心のタワーマンションを購入することも考えましたが、実家のあったこの土地に思い入れもあったため、35年一括サブリースでアパートを建てることにしました。駅から徒歩15分以上ある立地なので不安もありましたが、35年間の家賃が保証される契約だったこともあり、全額借り入れた建築資金を毎月返済していっても、毎年100万円程度が手元に残る事業収支計画になっていました。

そのときに営業マンが言った次のような言葉は、不安を抱えていたAさんにとって心強く、迷いのあったアパート建築を後押ししてくれるものでした。

「30年間はリフォーム費用や修繕費も一切かからず、賃貸経営はすべて任せられるので手間もかからず、まったく心配はいりません」

もともと定年前から老後に年金以外の安定収入を得たいと考えていたAさんにとって、アパート建築は「理想的な老後の実現に一歩近づいた」と思わせるものでした。

ところが、事態は数年後に大きく動きます。

Aさんは、11年目を迎える半年ほど前に建てる際にはまったく説明のなかった保証家賃の値下げ、それもいきなり13％もの値下げを建築サブリース会社から要求されたのです。納得がいかないAさんは、値下げ要求を断り続けていました。

しかし、アパート経営のすべてを任せていたAさんは、サブリース契約を解除されてしまうと、何をどうしていいのかまったくわかりません。今後の修繕費負担も怖いので、結局13％の保証家賃の値下げを受け入れざるを得ませんでした。

幸いにも値下げ要求を受け入れても借り入れの返済はできましたが、将来、これ以上賃料が下がると返済が困難になるため、Aさんは周辺の家賃相場を気にしながら不安な日々を送ることになってしまったのです。

Aさんがアパートを建てた2015年は相続税の増税が実施されたこともあり、地主層が相続税対策のために多くのアパートを建てた時期でした。その後、2016年にかけて首都圏だけでなく日本全国で賃貸住宅の建築が増加しました（まえがき図表3）。

実は、このころにアパートを建築した人も含め、2025年あたりからサブリース家賃の大幅値下げにより、借り入れの返済が苦しくなる人が続出する「**サブリース2025年問題**」が現実のものになる可能性が高いのです。

東京都区部でも「サブリース2025年問題」は起こる

2025年には、2015年の相続税の増税を契機に税金対策として大量に建てられた多くのサブリースアパートの10年間家賃保証の固定期間が終わり、保証家賃の改定時期を迎えます。このころには、「サブリース契約だから安心」と借り入れ中心の資金計画でアパート（賃貸住宅）を建てていた多くのアパートオーナーが慌てることになります。

2025年には団塊ジュニア世代が50歳を超え、住宅需要を支えてきた新規住宅需要層のレンジから外れ、首都圏（1都3県）でも賃貸住宅の需要不足が鮮明になってきます（図表1－11）。すでに説明したように、首都圏（1都3県）の総人口は増えても新規住宅需要層

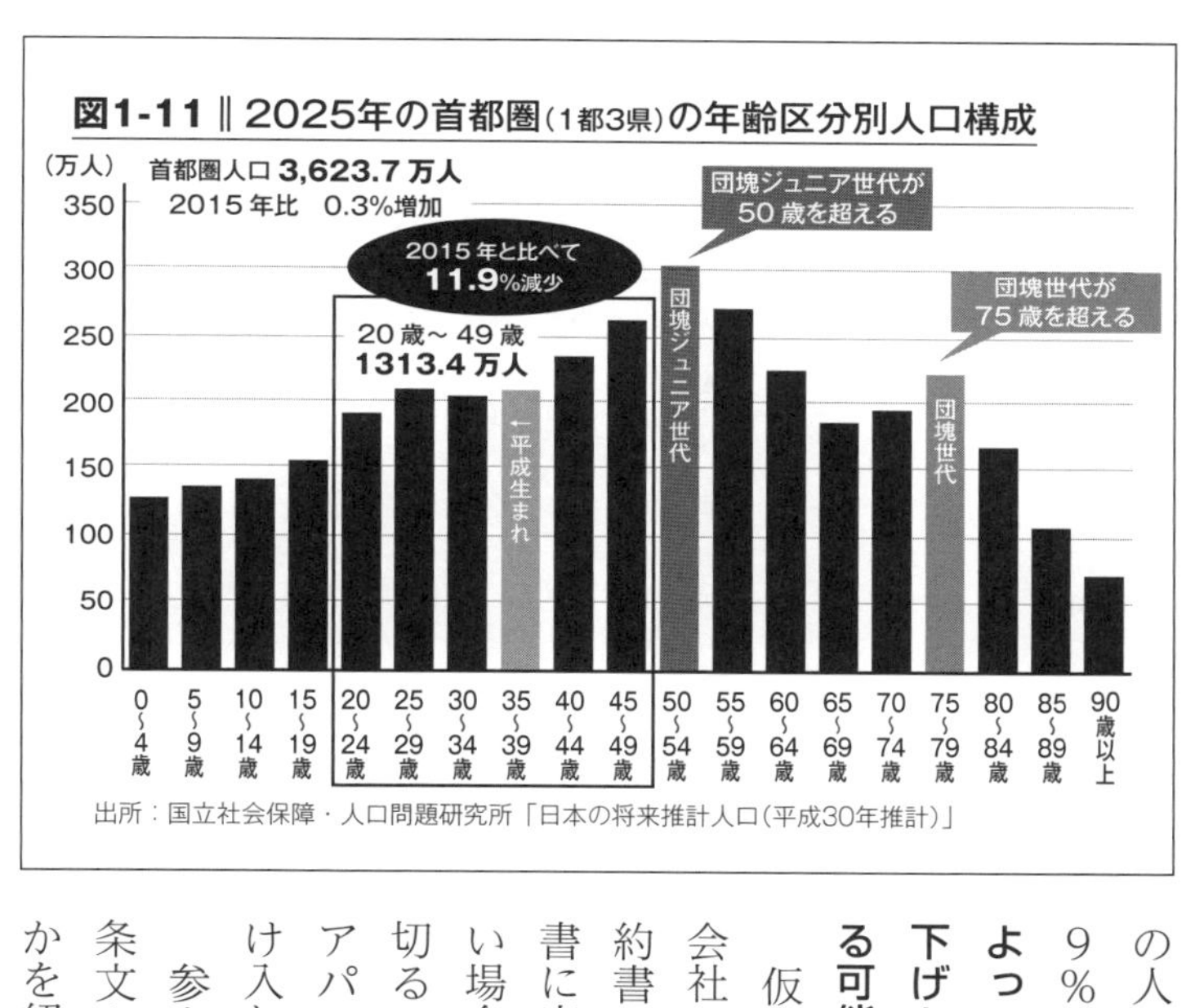

の人口は大きく減少する（2015年比11・9％減少）ので、**需要不足による賃料低下によって、それまでの保証家賃から大幅な引き下げを強いられるアパートオーナーが急増する可能性が高い**のです。

仮にアパートオーナーが建築サブリース会社の保証家賃の引き下げを拒否しても、契約書には、「保証家賃の見直しの協議（契約書に定められた甲と乙の協議）がまとまらない場合は、建築サブリース会社は契約を打ち切ることができる」と定められているため、アパートオーナーは保証家賃の値下げを受け入れざるを得ないのが実態です。

参考までに実際のサブリース契約書から条文を抜き出して、どのようになっているかを紹介します。以下、「甲」は貸主（土地オーナー）、「乙」は借主（サブリース会社）です。

《例1》

第○○条（契約解除）

甲又は乙は3カ月の予告期間をもって本契約の解約を相手方へ通知できるものとし、この場合は予告期間の満了と同時に本契約は終了する。

30年の家賃保証を謳ったサブリース契約でも、事前（3カ月や6カ月のことが多い）に告知すれば解約できる条文が多いのです。最近は、次の例のように保証（サブリース）家賃の値下げの合意ができない場合は、サブリース会社から契約を解除できる内容になっているものが一般的です。

《例2》

第○○条（契約解除）

乙は、第◇条第△項の規定に従って、経済状況の変化、近隣における賃料相場の変動等を考慮して保証家賃額の改定を行ったにもかかわらず、甲が保証家賃額の改定を承諾しない場合、

乙は直ちに本契約を解除することができる。

なかには、一読しただけではその内容がわかりにくいものもあります。

《例3》

第〇〇条（契約の終了）
甲が本契約に違反して乙が催告したにもかかわらず甲が是正しないとき、又は本契約に定められた甲と乙との協議が成立しないことにより、本契約を継続することが著しく困難な状態になったときは、乙は催告のうえ、本件契約を解除することができるものとします。

この条文にある「本契約に定められた甲と乙との協議」には、もちろん保証家賃の改定（値下げの合意）も含まれます。直接的な表現ではありませんが、実質的には《例2》の条文と同じ内容です。契約書をじっくり読んでもこの例のようにわかりにくい条文だと見落とす可能性があります。

いずれにしろ、今後は新規住宅需要層の減少は続くため、保証家賃の見直し時期（2年または5年ごと）が来るたびに値下げに応じざるを得なくなり、エリアによっては度重なる値下げで、当初より保証家賃を20%~30%安くしなければならないケースも続出するでしょう。そうなれば、借り入れの返済に窮するオーナーが増えることは間違いありません。建築サブリース会社による保証家賃の値下げ要求に応じることができず、契約解除されるケースも増えるはずです。

ちなみに、これまでの説明で用いてきた人口推計は外国人人口を含んだものです。日本政府は国内の深刻な人手不足を解消するために、2019年4月から新たな在留資格を新設して、従来、認めてこなかった単純労働分野でも外国人労働者に門戸を開くなど、外国人労働者政策を大きく転換させることに決めました。2019年度からの5年間で最大約35万人を受け入れる方針ですが、仮に35万人のうち30万人が首都圏に住むことになっても、新規住宅需要層人口の2025年の減少数(2015年比)は177万人から147万人に抑えられるだけで、減少する新規住宅需要層のマイナスを埋めるまでには至りません。

とはいえ、これからも不動産の活用が相続対策として有効な手段であることは変わりませんから、人口推計などを考慮しながら慎重に検討する姿勢がこれまで以上に必要になってきます。同時に、甘いセールストークでアパートを建築させようとする建築サブリース会社の言っていることの真贋を見極められる知識を持つことも大切な不動産を負動産にしないためには重要です。

第2章

転換期を迎えた不動産投資市場の行方を占う

すでに不動産市況の潮目は変わった！

金融庁のレポートや新聞記事で過去数年を振り返る

不動産投資市場の潮目の変化を探るため、融資環境に関する新聞記事の見出しと、金融庁が毎年公表している「金融行政方針」「金融レポート」の内容を時系列で整理してみました。

従来、金融庁は毎事務年度（毎年7月～6月）ごとに、金融行政が何を目指すかを明確にするとともに、その実現に向けてどのような方針で金融行政を行っていくかを「金融行政方針」として公表してきました。その「金融行政方針」に基づく行政を実施し、その進捗状況や実績を分析や問題提起とあわせて「金融レポート」として公表してきましたが、2018事務年度より課題と行政方針の関係を明確にするため、従来の「金融レポート」と「金融行政方針」を一本化させています。ちなみに、2018年事務年度に一本化されたものは、「変革期における金融サービスの向上にむけて～金融行政のこれまでの実践と今後の方針（平成30事務年度）」というタイトルで公表されています。

それでは、「金融行政方針」「金融レポート」や過去の新聞記事などから、2015年以降の不動産市況に影響されたアパート・マンションローン（不動産向け融資）に関する環境の変化を振り返ってみましょう。

・２０１５年11月

【新聞記事】「不動産向け融資、バブル期並み＝金融庁、地銀の監視強化」

国内銀行の２０１４年度の新規貸し出しが10兆円を上回り、バブル絶頂期の１９８９年度やミニバブルといわれた２００７年度の水準にほぼ並んだため、金融庁は融資の焦げ付きなどで各地の地方銀行や信用金庫の経営に影響を与えるおそれがないか監視を強めていることを伝える。

・２０１５年12月

【新聞記事】「金融庁、不動産融資急拡大で一部金融機関からヒアリング」

金融庁は不動産業向け融資の行き過ぎを懸念し、不動産融資の比率が大きい一部の金融機関を対象に、リスク管理や今後のビジネスモデルについて聞き取りを始めたことを伝える。この記事では不動産向け貸出は一部の地域金融機関で増加傾向にあり、個人による貸家向け貸出（アパートローン）の増加が目立っていることを指摘している。この背景には、

２０１５年の相続税増税にともなう富裕層や土地所有者の節税需要があり、金融機関の貸出競争が激化し、「債務者に富裕層が多く、担保と保証さえあれば、賃料という物件の収益性を度外視して、融資を行っているケースが増えた」と指摘。

・２０１６年９月
【平成27事務年度金融レポート】

「不動産向け貸出（アパートローンを含む）が特に地域銀行（地方銀行、第二地方銀行、埼玉りそな銀行）で拡大しているが、１９８０年代後半および２０００年代半ば頃の拡大局面との比較において高い伸びとなっていないものの、今後の動向については注視が必要である」と警戒感を示す。

・２０１６年10月
【平成28事務年度金融行政方針】

「長短金利の低下が継続する中で、金融機関には海外向け貸出や外貨建て資産運用、長期債への投資、不動産向け与信（アパートローンを含む）を増加させる等の動きが見られる。こうした動きが、経済・市場環境が変化した際に、金融機関の健全性に悪影響を及ぼさないか検証する」との表現が盛り込まれる。

・2016年12月

【新聞記事】「金融庁・日銀、アパートローンの監視強化　過剰供給リスクで」

金融機関による個人の貸し家業向け貸出（アパートローン）の急増に対し、金融庁・日銀が監視を強めているとの報道。相続税対策や超低金利を背景に富裕層などによる貸家の建設・取得需要が増大する一方で空室率の上昇など供給過剰感が出始めたためだ。

・2017年10月

【平成28事務年度金融レポート】

重点施策のひとつとして、「アパート・マンションローン(個人による貸家業向け貸出、以下、アパマンローン）の増加」の金融機関の融資姿勢について取り上げている。

アパマンローンが増加している要因として、次の3つの要因を挙げている。

①賃貸建物資金の融資（主に土地所有者の相続税対策目的）

②不動産投資資金の融資（主に高所得者層の運用収益目的）

③いわゆる「メガ大家」と呼ばれる不動産事業者向け融資（①・②の複合型）

そして、アパマンローンの対象である個人向けアパート・マンションの賃貸業には、以下の特徴があると指摘している。

①空室率は築年数の経過とともに上昇する

②賃料水準は築年数の経過とともに低下し、築後15年経過後に低下傾向は顕著になる

③**地域銀行によってバラツキはあるものの、足下の実際の賃貸物件の収支状況は一定程度が赤字で、築後15年を経過すると赤字先はさらに増加傾向になる**

図表2-1 ‖ 築年数別赤字物件の割合

築年数	赤字物件の割合
5年	13.7%
10年	15.0%
15年	21.4%
20年	19.4%

出所：朝日新聞取材班『負動産時代 マイナス価格となる家と土地』朝日新書

また、この金融レポートでは、個人による貸家業者向け貸出（アパート・マンションローン）は、主要行で減少傾向であるものの、地域銀行では相続対策などを目的にしたケースが増加傾向であると指摘。**築年数の経過とともにアパート収支のみで返済資金をまかなえない借り手が増えており、**金融機関は金利上昇や空室・賃料低下のリスクを適切に評価し、借り手にわかりやすく伝える必要があるとして

いる。

参考までに、本書が発売される約1カ月前に出版された『負動産時代　マイナス価格となる家と土地』（朝日新聞出版）でも、前記①～③の部分について触れている。

それによると、金融庁がこの年にまとめた融資の実態調査結果に対する朝日新聞社の情報公開請求によって、地銀7行が融資した少なくとも672件の状況が調査結果の一部として開示され、新築から5年経るごとに空室率は上がり、築20年では11・6％に達したことがわかった。また、家賃水準は築15年までは新築の90％超を維持するものの、築20年で75・1％に急落した。家賃収入だけでは修繕費や返済金をまかなえない赤字物件の割合は、築15年で20％超になることがわかったと書かれている（図表2-1）。

2018年1月

【新聞記事】

女性向けシェアハウス「かぼちゃの馬車」を運営する会社が30年間のサブリース（家賃保証）契約をしているオーナーに対して、「来月からサブリースの支払いを完全停止する」と発表。

その後、次のようなさまざまな問題が発覚した。

・金融機関・悪質な不動産業者による入居率・賃料、顧客財産・収入状況の改ざん

・顧客保護の観点から問題ある、定期預金、高金利のフリーローン、投資信託や生命保険の加入を融資の条件とする独占禁止法に抵触するような抱き合わせ販売

・高額に設定された不動産価格

こうした問題によって、顧客が過大な債務を負ったり、空室率の上昇・賃料の低下により返済不能になったりするケースが頻発し、その結果、金融機関に損失が発生するといった信用リスク管理上の問題が存在した。

金融庁は、当初、主に土地所有者などの相続対策としてのアパマンローン融資が増えたことで空室の増加や家賃下落で想定していた家賃収入が得られずローンが返せないケースが増加していることを警戒していました。しかし「かぼちゃの馬車」問題で明らかになったように、大家さん業の個人投資家、サラリーマン大家に代表される自己資金の乏しい個人向け融資についてにも注意を払うようになりました。

その結果、2018事務年度（2018年7月～2019年6月）は、「金融行政方針」を公表した際に、「金融庁、投資用不動産の融資審査を点検」という新聞見出しが出たように、特に地方銀行などを対象に投資用不動産向け融資の実態調査に本腰を入れたことで、個人向け投資用不動産市場は減速することになったのです。

個人向け投資用不動産市場の減速が鮮明になった

一部の収益不動産は、すでに値下がりしている

シェアハウス「かぼちゃの馬車」問題以降、地方銀行の融資姿勢が大きく変わり、投資用不動産向け融資に対する審査を厳格化したこともあって、「不動産価格が下落に転じた」「収益不動産が売れなくなった」という話を聞く機会が増えました。

実需用の新築マンションや建売住宅が価格高騰による売れ行き鈍化で在庫が積み上がっている影響もありますが、それよりも金融機関が融資を引き締め、これまでフルローンで不動産を購入していた投資家向けの融資が出なくなったことで投資用アパートなどが売れなくなったことが大きな要因ではないかと感じています。

2017年には、相続対策用の不動産向け融資（アパート・マンションローン）は厳しくなりつつありましたが、「かぼちゃの馬車」問題が顕在化し、一部の金融機関の過剰な融資が明るみになると、先述したとおり金融庁は金融機関に対する監視を強めました。

その結果、サラリーマン大家やフルローンを組んで収益不動産を次々と購入してきたメガ

大家と呼ばれた投資家向け融資の審査は、特に地方銀行で確実に厳しくなっています。

こうした審査の厳格化により、これまでは買えた人たちが買えなくなり、一部の投資用アパートやマンションなどの収益不動産は実際に値下がりしています。

フルローンで投資用物件を勧めてきた不動産業者はその強力な営業力だけでなく、預金残高の改ざんや、なかには詐欺まがいの販売テクニックを駆使して、たくさんの収益不動産を販売してきました。「一法人一物件スキーム」はフルローンで次々と物件を購入させる代表的な手法です。

この手法は、物件を購入したいサラリーマン大家などが、法人A社を設立して物件Aを買う→物件Bを買うために法人B社を設立するといったように、ひとつの物件を購入するたびに新法人を設立し、物件と法人を一対一で対応させる手法です。最大のメリットは、ある人が法人の連帯保証人になって借り入れをしても、個人の信用情報に記載されないらしく、新しい法人で融資を受ければ、個人で借り入れするよりも、はるかに多くの融資を受けられる点にあります。

不動産業者は地方の物件や空室が多い古いアパートなども買い取り、こうした手法を活用する個人投資家に対して販売してきました。そのような事情もあって、地方の物件や空室が多い古いアパートでも買い手がつきましたが、金融機関の融資姿勢が変わってから、その勢いは確実に弱くなりました。

金融機関はサラリーマン大家への融資を引き締める方向に

一部の金融機関の融資に対する姿勢と「一括借り上げシステム」、いわゆるサブリース契約による収入の安心感を過大アピールする販売手法が不動産投資の被害を拡大させました。

図表2-2を見るとわかるように、日本銀行による異次元の金融緩和が行われた２０１３年以降、「不動産業向けの新規貸出」は増えましたが、２０１６年になり一段と新規貸出が増えています。この背景には２０１６年2月から導入されたマイナス金利政策によって、金融機関は新たな融資先を見つける必要性が増していたことが挙げられます。そこで目を付けたのが、相続対策や老後の心配につけこむかたちで急成長していたサブリースによるアパート建築や投資用不動産に対する融資でした。

本来、アパート建築後、長期にわたって家賃が下落しないという非現実的な事業計画であれば、金融機関は融資に対して慎重な態度をとるべきです。しかし、一部の金融機関は形式的な手続きのみで融資を実行していました。その結果、国内の不動産新規貸出額は、２０１６年に12兆円を突破して過去最高を記録したのです。

しかし、２０１６年には日本経済新聞が「アパート空室率が急上昇　首都圏、相続税対策で建設増」との見出しで、首都圏のアパートの空室率が30％を大きく上回ったことを報じたように、首都圏ですらアパートはすでに供給過剰気味でした。

その後、アパートの過剰建設が目立ってきたことで、金融機関はアパート建築に対し慎重な姿勢に転じ、２０１５年、２０１６年と2年連続で2ケタ増が続いたアパートローンなどの「個人による貸家業向け新規貸出（図表2−1）」は、２０１７年には前年比13・5％減（3兆３９１９億円）、２０１８年は同16・４％減（2兆８３４８億円）と2年連続２ケタ減になりました。また、不動産業全体の貸出額である「不動産業向け新規貸出（図表2−3）」も２０１７年に前年比5・0％減（11兆７８６３億円）と、２０１１年以来初めて前年を下回り、２０１８年も同5・7％減（11兆１１２５億円）と2年連続の減少になりました。

さらに２０１８年に入り、シェアハウス「かぼちゃの馬車」問題で有名になった詐欺的な営業手法や、別の一部上場企業でも行われていた融資用資料の改ざんや建築基準法違反といった悪質な手口が表面化したことで、サブリースの危険性に対する認知度は高まり、これまで右肩上がりだったアパート建築に対する融資の潮目は明らかに変わりました。

私は以前から、「サブリース契約による家賃保証を過大に信用し、全額借り入れでアパート・マンションを安易に建築して、のちのち困る状況に陥る人を減らしたい」という思いで、セミナーや雑誌、そして前著などで、多額の借金に頼ったアパート建築や不動産投資に警鐘を

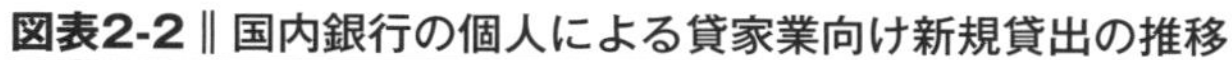
図表2-2‖国内銀行の個人による貸家業向け新規貸出の推移

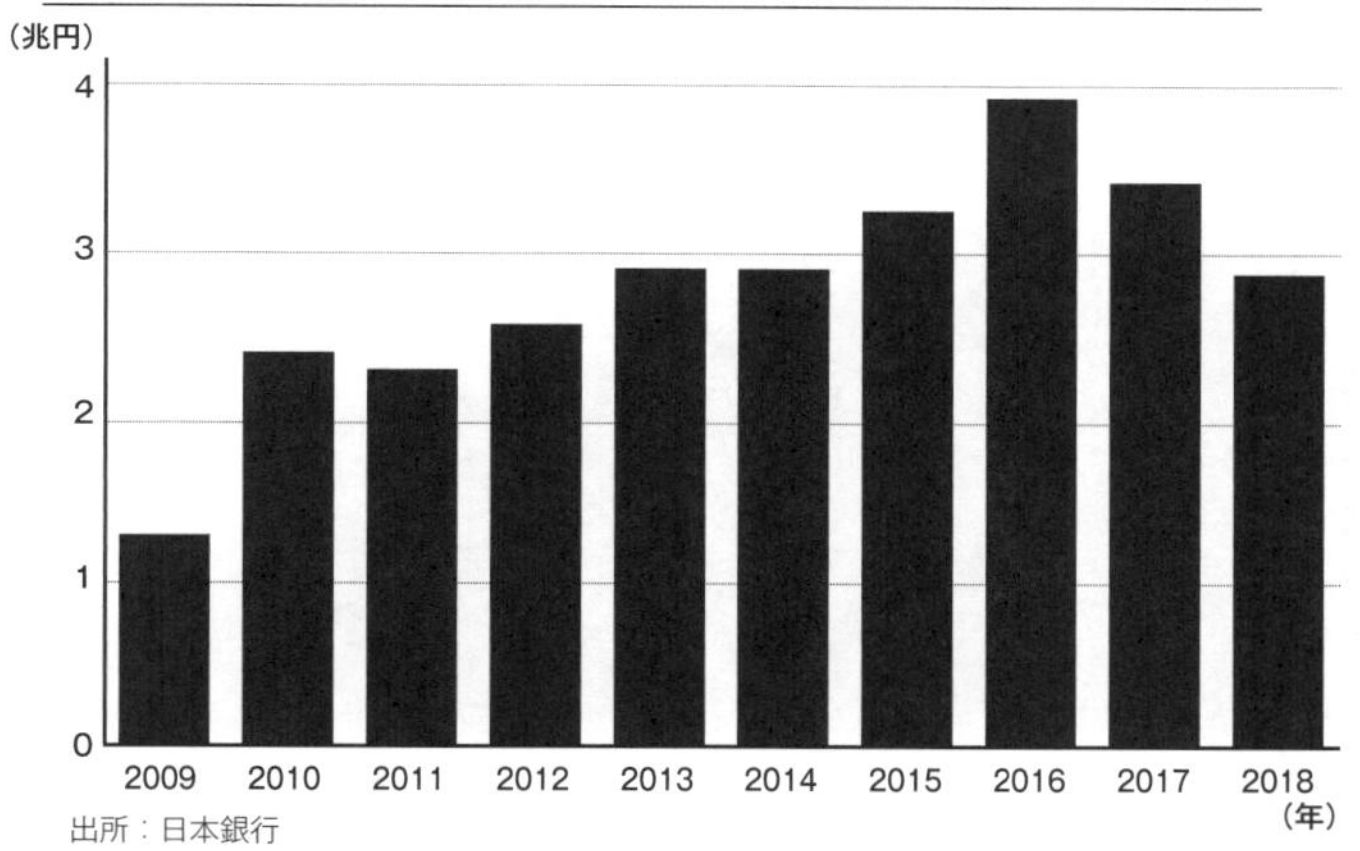

出所：日本銀行

図表2-3‖国内銀行の不動産業向け新規貸出の推移

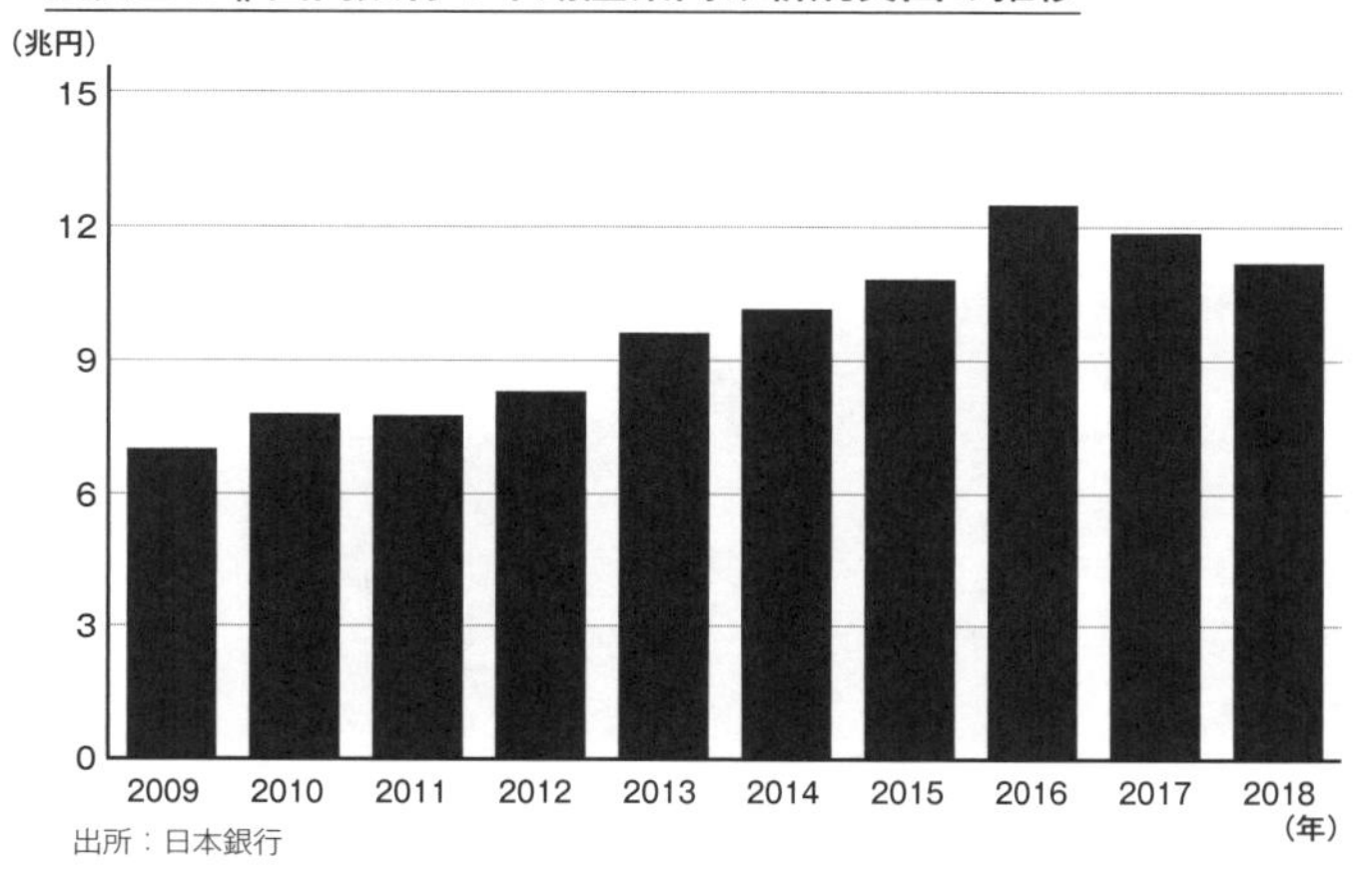

出所：日本銀行

鳴らしてきました。

これまでに「建築サブリース会社の話をすっかり信じ切っている親が身の丈以上の借金をしてまで、アパートを建てようとしている。何とか契約しないように説得してほしい」と相談されたことも一度や二度ではありません。その意味では、金融機関が融資の審査を厳格化したことは、将来、アパート（賃貸不動産）経営で苦しむ人が減ることにつながるのでよかったと思っています。しかし、第1章で述べたとおり、問題が大きくなるのはこれからです。

「土地なし」「頭金なし」でも本当にアパート経営はできるか？

〝土地なしでも頭金がなくてもアパート経営ができる〟ことを喧伝するテレビＣＭが一時期よりも減っていると思います。この背景には融資環境の変化があるのでしょう。

たしかにお金さえ借りられれば、誰でもアパート経営はできます。しかし、赤字続きのアパートを所有していることを果たしてアパート経営といえるでしょうか。

かつてはアパート建築の営業マンは、地主を中心に営業を行っていました。しかし、それだけでは飽き足らず、多くのサラリーマンが持っている将来に対する漠然とした不安をくすぐりながら、「給料が上がらない時代の安定した副業収入」「将来の年金代わり」といった謳い文句を武器に、都心部の駅近で比較的利回りの高い、フルローンでも収支が合う小規模のアパートなどの不動産投資商品を開発し、サラリーマン向けに販売攻勢をかけました。

たしかに、不動産価格が今ほど高くなかった2013年以前にアパートを購入した人のなかには、その後の価格上昇の波に乗り、2棟、3棟と投資を拡大して成功している人もいます。なかでも、フルローンを組み、投資用不動産を次から次へと購入した「メガ大家」「ギガ大家」と呼ばれるような人は、成功者としてもてはやされ、彼らを著者にしたサラリーマン向けの不動産投資関連本が書店の棚に多く並んでいたほどです。

しかし、成功している人はごく一部です。

たとえ、アパート経営による年収が3000万円といっても、アパート建築の借金が5億円もあれば、手元にそれほど多くのお金は残らないでしょう。今後、リーマン・ショックのような世界的な景気減速で不動産市況が悪化すれば、空室が増え、家賃も下がるため、たちまち返済不能に陥る人が続出するはずです。

繰り返しになりますが、アパートの供給過剰で金融機関が融資を引き締めていた矢先に、追い打ちをかけるようにシェアハウス「かぼちゃの馬車」問題が起こり、サラリーマン投資家に代表される個人投資家向けに対する融資環境は大きく変化しました。

そもそも土地なし、頭金なしでは健全なアパート経営は難しいのですが、最近は融資が下りなくなり、名実ともに誰でも簡単にアパート経営ができる時代ではなくなったのです。

それでも富裕層向けの収益不動産市場は高値安定が続く

富裕層・資産家向けの収益不動産市場は依然高値圏で推移

変調の兆しが見え始めている不動産市況ですが、2019年2月末現在、私たちの主要顧客である富裕層・資産家向けの収益不動産市場は、売り物件は増加傾向にあるものの、依然、良質な物件は不足しています。価格は高値圏で横ばいが続いていますが、先に述べた融資環境の変化後も資力のある富裕層・資産家向けには金融機関は相変わらず積極的です。結局、2018年末時点の国内銀行の不動産業向け融資の残高は78兆9370億円と過去最高水準を維持（日銀「貸出先別貸出金」統計）していることからも、この傾向はもうしばらくは続くと見ています。

J-REITや世界の不動産ファンドも相変わらず投資意欲は高く、海外投資家による国内不動産取得額は2017年に約1兆1000億円に達し、過去最高だった2007年以来の高水準を記録しました。以降も高値圏での取引が続いています。

たとえば、日経不動産マーケット情報2018年11月号の特集「取引される街・銀座」で

図表2-4‖東京ビジネス地区のオフィス空室率の推移

出所：三鬼商事

は、銀座エリアの不動産の取引事例（2017年9月～2018年9月まで）を交えながら、「銀座8丁目中央通りの収益ビルの利回りは2％台で横ばいとみられる」という専門家の言葉を引用し、銀座の中心部の平均賃料は、2018年内中に上昇に転じる可能性が高いと報じたとおり、2019年に入っても堅調に推移しています。

三鬼商事によると、2019年1月時点でもオフィスの空室率は低下傾向にあり、東京都心5区（千代田、中央、港、新宿、渋谷）のオフィスの空室率は、月次データが残る2002年1月以来最低となる1・82％となりました（図2-4）。都心部だけでなく、札幌、仙台、福岡といった地方中核都市の空室率も低い水準にとどまっており、供給不足

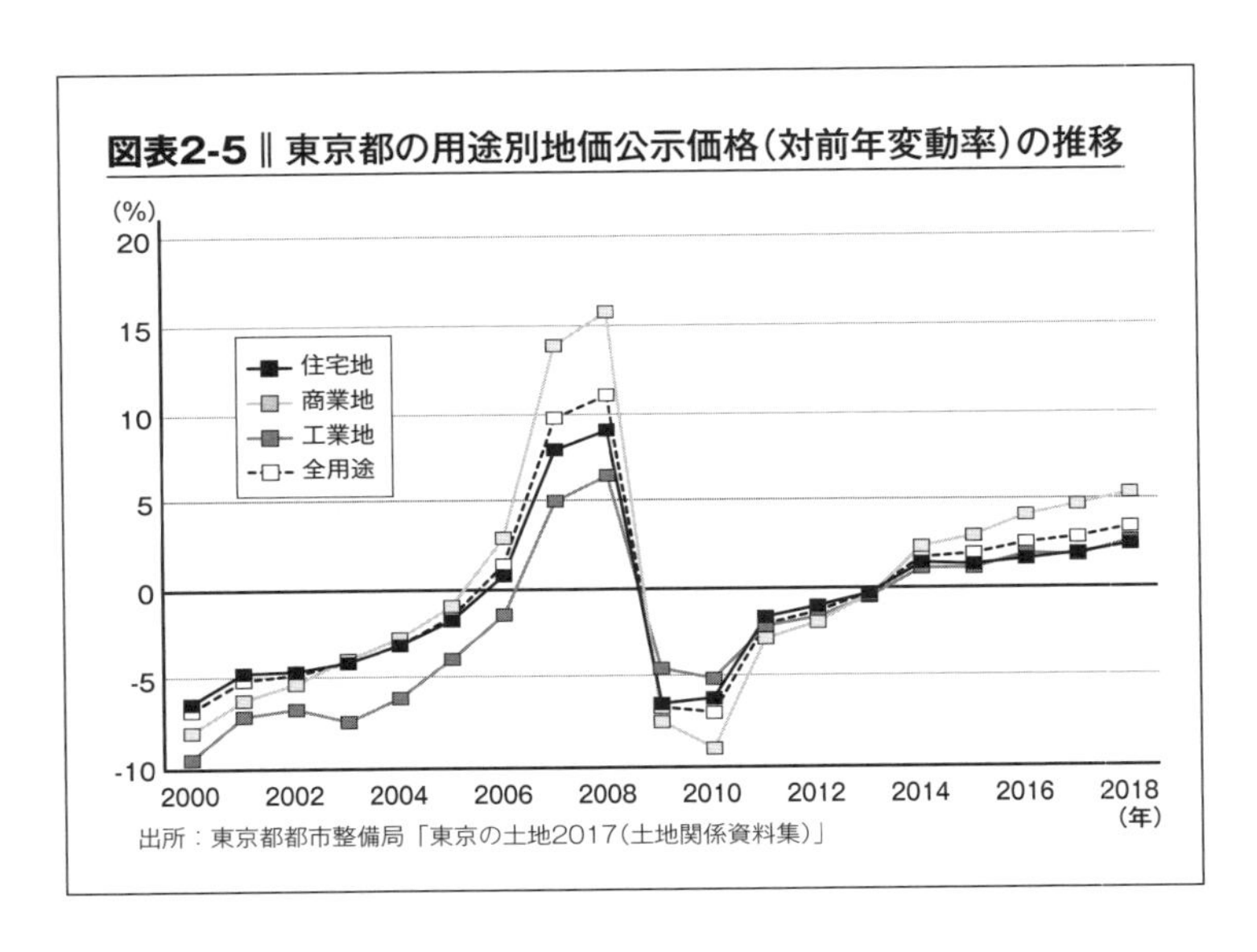

図表2-5‖東京都の用途別地価公示価格（対前年変動率）の推移

出所：東京都都市整備局「東京の土地2017（土地関係資料集）」

から賃料は値上がり傾向が続いています。

各種統計資料でももちろん都心部の不動産価格は上昇傾向が続いています。

東京都都市整備局が毎年発表している「東京の土地２０１７（土地関係資料集）」によると、２０１８年の東京都の公示地価の対前年変動率の平均は、図表2-5を見るとわかるように、２０１４年にプラスに転じて以来伸び率も上がっています。東京都全域の平均は、全用途で＋３・４％、用途別では、住宅地が＋２・４％、商業地が＋５・４％、工業地が＋２・６％といずれも堅調に推移しています。

国土交通省が四半期ごとに発表する大都市圏１００地区の高度利用地地価動向をまとめた「主要都市の高度利用地地価動向報

図表2-6 ‖ 上昇・横ばい・下落の地区数一覧(全地区)

		上昇			横ばい	下落					計
		6%以上	3%以上6%未満	0%超3%未満	0%	0%超3%未満	3%以上6%未満	6%以上9%未満	9%以上12%未満	12%以上	
2008年	第1四半期	0	5	36	50	7	1	1	0	0	100
	第2四半期	0	0	13	49	28	8	2	0	0	100
	第3四半期	0	0	0	22	79	43	6	0	0	150
	第4四半期	0	0	0	2	33	74	25	12	4	150
2009年	第1四半期	0	0	0	2	37	67	36	4	4	150
	第2四半期	0	0	0	3	67	55	22	3	0	150
	第3四半期	0	0	0	3	81	53	9	3	1	150
	第4四半期	0	0	1	5	88	46	9	1	0	150
2010年	第1四半期	0	1	1	25	86	36	1	0	0	150
	第2四半期	0	1	3	41	92	13	0	0	0	150
	第3四半期	0	1	1	61	82	5	0	0	0	150
	第4四半期	1	0	15	54	75	4	1	0	0	150
2011年	第1四半期	0	0	2	46	92	5	1	0	0	146
	第2四半期	0	0	7	53	85	1	0	0	0	146
	第3四半期	0	0	11	61	78	0	0	0	0	150
	第4四半期	0	0	16	70	63	1	0	0	0	150
2012年	第1四半期	0	1	21	80	48	0	0	0	0	150
	第2四半期	0	1	32	82	35	0	0	0	0	150
	第3四半期	0	1	33	87	29	0	0	0	0	150
	第4四半期	0	3	48	74	25	0	0	0	0	150
2013年	第1四半期	0	2	78	51	19	0	0	0	0	150
	第2四半期	0	2	97	41	10	0	0	0	0	150
	第3四半期	0	1	106	34	9	0	0	0	0	150
	第4四半期	0	3	119	22	6	0	0	0	0	150
2014年	第1四半期	0	1	118	27	4	0	0	0	0	150
	第2四半期	0	2	118	28	2	0	0	0	0	150
	第3四半期	0	2	122	26	0	0	0	0	0	150
	第4四半期	0	2	123	25	0	0	0	0	0	150
2015年	第1四半期	0	2	82	16	0	0	0	0	0	100
	第2四半期	1	6	80	13	0	0	0	0	0	100
	第3四半期	1	8	78	13	0	0	0	0	0	100
	第4四半期	1	15	73	11	0	0	0	0	0	100
2016年	第1四半期	2	16	71	10	0	0	0	0	0	99
	第2四半期	3	11	74	12	0	0	0	0	0	100
	第3四半期	2	10	70	18	0	0	0	0	0	100
	第4四半期	0	12	72	16	0	0	0	0	0	100
2017年	第1四半期	0	10	75	15	0	0	0	0	0	100
	第2四半期	0	9	77	14	0	0	0	0	0	100
	第3四半期	0	10	76	14	0	0	0	0	0	100
	第4四半期	0	14	75	11	0	0	0	0	0	100
2018年	第1四半期	0	15	76	9	0	0	0	0	0	100
	第2四半期	0	13	82	5	0	0	0	0	0	100
	第3四半期	0	15	81	4	0	0	0	0	0	100
	第4四半期	0	27	70	3	0	0	0	0	0	100

出所:国土交通省「主要都市の高度利用地地価動向報告~地価LOOKレポート~(平成30年第4四半期)」

告~地価LOOKレポート~」でも、同様の傾向が見られます。

この調査は三大都市圏、地方中心都市などで特に地価動向を把握する必要性の高い東京圏43地区、大阪圏25地区、名古屋圏9地区、地方中心都市等23地区の計100地区を対象に、地価動向を先行的に表しやすい高度利用地などの地区の地価動向を四半期ごとに把握することで地価動向を明らかにする目的として実施されています。不動産鑑定士が調査対象地区の不動産市場の動向に関する情報を収集するとともに、不動産鑑定評価に準じた方法によって地価動向を把握し、その結果を国土交通省が発表しています。

2019年2月に公表された「2018年第4四半期の動向（対象期間2018年10月1日~2019年1月1日）」では、100地区のうち、上昇が97地区（前回96地区）、横ばいが3地区（同4地区）、下落が0地区（同0地区）でした。上昇した地区は4期連続で全体の約9割を上回っています（図2-6）。

この調査では、地価が上昇した地区数の割合が高水準を維持した要因として、景気の回復、雇用・所得環境の改善、金融緩和などによる良好な資金調達環境を背景に、三大都市圏を中心に空室率の低下・賃料の上昇などオフィス市況は好調な状況が続いていること、再開発事業の進展により繁華性が向上していること、訪日客の増加に応じて店舗、ホテルの建設需要が旺盛であること、利便性の高い地域でのマンション需要が堅調であること、オフィス、店舗、ホテル、マンションに対する投資意欲が引き続き強いことなどが考えられると分析しています。

地価の統計データについては、実際の動きよりズレる（遅れる）ことがありますが、空室率やその影響からくる賃料相場の指標は、不動産価格の動きを占ううえでとても参考になります。そのような背景から、私は富裕層向けの収益不動産市場は２０１９年もこの傾向に大きな変化はなく高値安定が続くと考えています。

不動産価格を大きく左右する日本経済はどうなるのか？

注視される東京オリンピック後の日本経済の行方

日本では２０２０年の東京オリンピック後の経済はどうなるのかといった議論が増えています。東京オリンピックの終わるころには消費増税対策の効果が切れてしまうため、やはりオリンピック後には景気後退がやってくるだろうと考えています。図表2-7にもあるように２０１９年2月時点で継続していると思われる戦後最長の景気拡大期の転換点も迫っていると考えられることから、景気循環の見地からも現在も続いている好況は、オリンピック後まで続かないと見ています。

ＩＭＦ（国際通貨基金）が、２０１９年1月に発表した「世界経済見通し（ＷＥＯ）」では、「世界経済の拡大は力強さを失ってきている」とし、世界経済の成長率の見通しを２０１９年は3・5％、２０２０年は3・6％と、２０１８年10月に発表したＷＥＯからそれぞれ０・２％と０・1％の下方修正を行っています。

また、２０１８年に入り、中国が２０１７年の対米貿易額が過去最高となる２７５８億

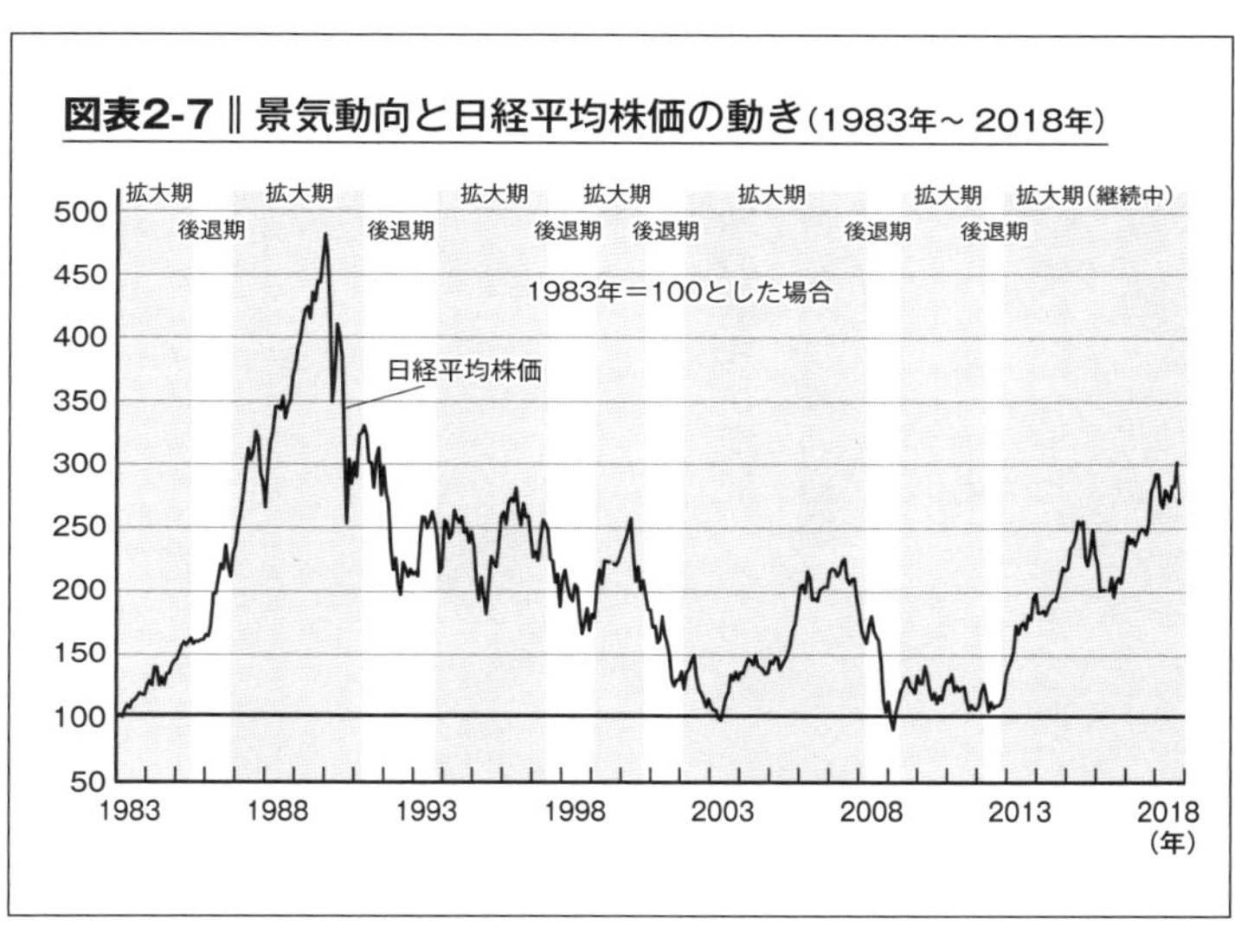

図表2-7 ‖ 景気動向と日経平均株価の動き（1983年～2018年）

ドル（約250兆円）になったことを発表すると、以前から中国との貿易不均衡の解消を訴えていたアメリカのトランプ大統領は緊急輸入制限（セーフガード）を発動し、太陽光発電パネルに30％、洗濯機に20％以上の追加関税を課すことを決めました。その後は中国が報復関税措置を行うと、アメリカが追加関税措置を繰り返す、いわゆる「米中貿易戦争」が勃発しました。世界1位と2位の経済大国による貿易戦争は、日本はもとより世界全体に与える悪影響が懸念されています。

中国が2019年2月に発表した同年1月の貿易統計（ドル建て）では、中国の対米貿易は輸出、輸入ともに前年同月の水準を下回りました。特に輸入については統計を遡れる1994年1月以降、最大となる前年同月比41%減になるなど、追加関税の影響が現れ始めています。

2019年2月末時点で米中両国は合意を目指し、前向きに協議を行っていると報道されていますが、交渉の結果が世界経済にどのような影響を及ぼすかについては注視する必要があります。

まえがきでは、私は①米中貿易戦争の行方、②英国の合意なきEU離脱、③中国経済の想定以上の減速、などの影響によるリーマン・ショック級の世界的ショックの発生を気にしていると書きましたが、それらとは別に気になっていることは次の2つです。

・世界各国の債務が増加
・世界の資産バブルの崩壊

まず、世界各国の債務の増加は大きな不安要因です。

国際決済銀行(BIS)によると、グローバル債務残高(先進国と新興国の政府部門、企業部門、家計部門の借金)は、リーマン・ショック前の2007年末の112・0兆ドルから、2017年末には177・4兆ドルまで増えています(図表2-8)。

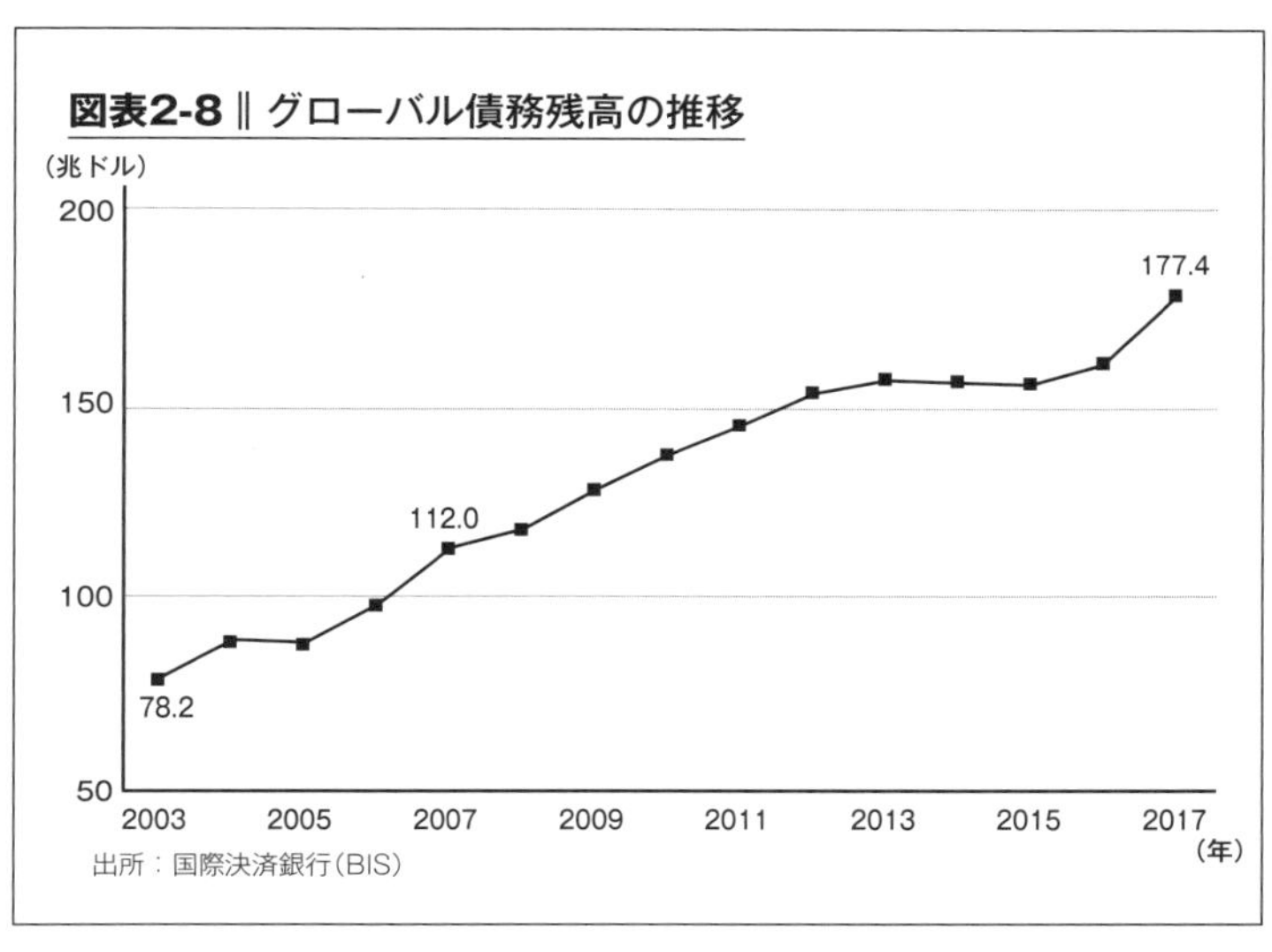

図表2-8‖グローバル債務残高の推移

出所：国際決済銀行（BIS）

リーマン・ショック後、落ち込んだ景気を浮揚させようと、世界各国が競うように金融緩和を行った結果、金利の低下が借金を促し、世界中で債務残高が膨張したのです。普通に考えて際限なく借金をできるわけがありません。世界中で債務不履行（デフォルト）が増えれば、サブプライムローン問題に端を発したリーマン・ショックのような世界経済を揺るがす事態になりかねません。

2017年末時点で最も企業債務残高が多いのは中国で、20兆3430億ドル（約2237兆円）です。対GDP比160・3％ですが、この水準は日本がバブル時に記録した1993年の149％をはるかに上回っています（図表2−9）。

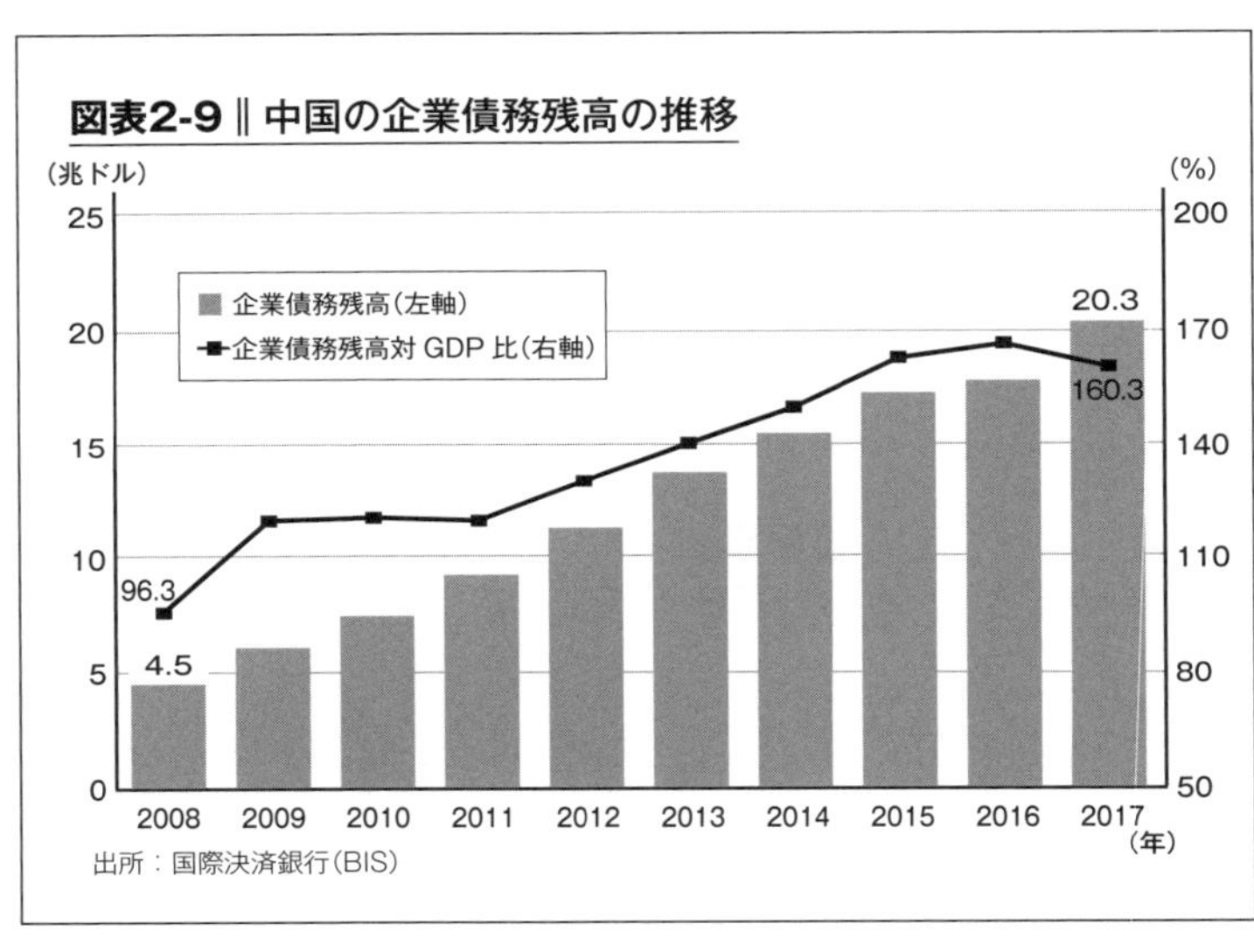

負債に依存した好況はいずれ終わります。その後、債務返済に苦しむ企業が増加すれば、資産売却を迫られることで投げ売りが始まり、マーケットの暴落を誘発します。それによっていつ金融危機が起こってもおかしくはありません。

また、世界的な金融緩和は金余りの状況を生み、さまざまな資産にマネーが流入した結果、世界中の資産価格を高騰させました。

２０１８年には米ダウ平均株価は過去最高値を更新し（２万６８２８ドル、２０１８年10月３日）、２０１８年末から２０１９年初めにかけて世界的に株価が大きな調整局面を迎えましたが、２０１９年２月には２万６０００ドルを回復しています。また、２０１８年は日本でも日経平均株価がバブル崩壊後最高値を更新しました。ここ数年を振り返ってみても、ニュージーランドやスウェーデン、カナダ、オーストラリアでは、かつての日本のバブル期に匹敵するペースで不動産価格が高騰しました。中国では、「鬼城（グェイチョン）」と呼ばれる誰も住まないゴーストタウンが各地に生まれていますが、主要都市の不動産価格は伸び率は鈍化しているものの上昇が続いています。こうした状況を「資産価格バブルではないか」と疑う傾向があるのは当然でしょう。

何年も前から「中国の不動産バブルは近いうちにはじける」といわれ続けています。しかし、中国政府は巧みに不動産市場をコントロールしてきました。しかし、中国政府が今後もコントロールできるかは別問題です。「これまでうまくやってきた中国政府だから大丈夫」ではなく、「いつ中国政府が制御不能になってもおかしくない」と考えておいたほうが、万が一の際に素早い行動をとれるのではないでしょうか。

サブプライムローンに端を発したリーマン・ショックの発生を振り返ればわかるように、景気の後退局面でソフトランディングさせたい政府の力が及ばなくなるからこそ、バブル崩壊が起こっているのです。

ＦＲＢ（米連邦準備制度理事会）議長を務めたアラン・グリーンスパン氏は、「バブル崩壊によってバブルの存在を確認するまで、バブルを明確に特定することは非常に困難であった」と述べています。アメリカの経済政策を司るＦＲＢ議長を務めた人でさえ、バブル崩壊を予見することは難しいのです。

未来の経済予測は将来の人口を予測するほど簡単ではありません。だからこそ、私は最悪の事態がいつ起こってもおかしくないと考えながら、顧客にコンサルティングを行います。2008年に不動産ミニバブルが弾け、不動産価格が下落していたところにリーマン・ショックが発生して不動産価格が暴落したように、不動産価格は景気動向に大きな影響を受けます。これまで説明したように、戦後最長となる景気回復期が終わりに近づいている可能性が高いために、いつにもまして私は保守的になっています。そんな考えになるのは、私たちに相談を持ちかける顧客や読者のみなさんが、どんなに悪い事態になっても困らないようにしたいからにほかなりません。

〝負動産〟売却のチャンスは終わりに近づいている

〝負動産〟を売却できるタイミングは永遠には続かない

不動産業者が郊外や地方都市の古いアパートなどを積極的に転売した結果、多くの不動産の価格が上がりました。

２０１６年９月に前著が発売されたあと、お客様が東京郊外で負動産になりかけていた古いアパートを売りに出したら想定以上の価格で買い手がつき、「まさに不動産を現金化する時代ですね」と喜んでいただいたこともありました。

まだ不動産現金化の時代は続くと思います。しかし、「かぼちゃの馬車」問題による融資環境の適正化などによる買い手の減少で、サラリーマン大家を中心とした個人投資家向けの投資用不動産市場は減速傾向が鮮明になってきたことは先述したとおりです。

最適な財産のポートフォリオづくりのために不動産を現金化するうえでは、将来的に負動産になりそうな不動産でも高く売れる市況のほうがいいのはいうまでもありませんが、その状況が永遠に続くことはありません。

そしてこれまでに述べてきたように、不動産価格にも変調の兆しが見え始めています。負動産（になりそうな不動産）を高い価格で売却できるチャンスは確実に終わりに近づいていると考えています。

いずれにしろ、地方ではすでに新規住宅需要層（20歳~49歳）が減少に転じており、東京でも2025年以降は新規住宅需要層の人口が大きく減少します。そうなれば、一部の人気エリアを除いて不動産価格は下落に転じるはずです。こうした長期的な視点を持ちながら、不動産の組み換えも視野に入れ、相続対策の代表的な失敗である「借り入れのしすぎ」で負動産にしないようにし、最適な財産ポートフォリオを構築することで大切な財産を守ることを考えていただきたいのです。

第3章

発想を変えれば、財産を守ることができる！

財産を減らさず相続を乗り切るための考え方

財産を減らさずに相続を乗り切るための「イチマルコンサルティング」とは?

私たちは相続対策の3原則（揉めない遺産分割、相続税の納税資金の準備、相続税の対策）をベースに法人を活用し、借入に頼りすぎず収入（キャッシュフロー）をアップさせることで、できるだけ財産を減らさずに相続を乗り切る手法として「10（イチマル）コンサルティング（以下、イチマルコンサル）」を提唱してきました。依頼者の立場に立った正しい相続対策と徹底した法人活用により、「課税総資産（債務控除前）の10％の収入があれば、財産を減らさずに相続を乗り切れる」という考え方がそのネーミングの由来です（図表3-1）。

私たちが不動産オーナーや都市農家（地主）の方々にイチマルコンサルを推奨するのは、法人を含めた家全体の収入（キャッシュフロー）をアップさせることが、財産を守るために非常に有効だと考えているからです。

課税総資産（債務控除前）の10％の収入を得ることによって、次のようなメリットがあります。

図表3-1‖イチマル(10)コンサルティングとは

依頼者の立場に立った正しい相続対策と徹底した法人活用により
収入（キャッシュフロー）アップを中心に取り組むコンサルティング

借り入れに頼りすぎず収入を増やす
（キャッシュフロー重視）
目標＝課税資産総額の 10%（イチマル）
（債務控除前の課税資産総額）

資産 10億円なら収入 1億円➡ 年間総収入額（1億円）／課税資産額（10億円）

収入を増やすことによって

たとえば
①土地を手放さず、現金または法人を使って納税も可能になる
②財産の分割が容易になる
③相続対策の選択肢と納税プランが増える

①土地を手放さず、現金または法人を使って納税が可能になる
②財産の分割が容易になる
③相続対策の選択肢と納税プランが増える

国税庁が毎年発表している相続財産（土地）の金額の構成比より、それを時価ベースに直すと、日本の資産家の財産構成は約半分が土地といえますが、地価は都市部の一部を除いて下落は止まらず、地方では買い手がつかない土地が増えています。第1章で述べたように、2025年以降は首都圏でも地価の下落傾向が顕著になるので土地を残すだけでは財産は目減りします。**そこで重要になるのが、前著でも書いた「資産価値が落ちにくく収益**

図表3-2‖相続税の速算表

決定相続分に応ずる取得金額	税率	控除額
1,000万円以下	10%	―
3,000万円以下	15%	50万円
5,000万円以下	20%	200万円
1億円以下	30%	700万円
2億円以下	40%	1,700万円
3億円以下	45%	2,700万円
6億円以下	50%	4,200万円
6億円超	55%	7,200万円

出所：国税庁

性が高い不動産を一定の割合で組み入れた最適な財産ポートフォリオを構築すること」です。

不動産の相続税評価は金融資産に比べ有利で、相続税の計算をするうえでも有利な特例があるため相続対策には欠かせません。

しかし不動産を有効活用して被相続人予定者（相続対策の当事者）の収入が増えると、所得税・住民税・復興税や事業税などの税金が最大60％近くもかかります。それだけでなく、相続時に苦労して貯めたお金（財産）にも最大55％の相続税がかかり、相続後に財産をあまり残せません（図表3−2）。個人でお金を貯めようとすると、どうしても高税率を避けられないのです。

一方、中小法人の法人実効税率は最高33・

8％（所得800万円以下は23・2％）ですから、法人を活用すれば効率的にお金を貯めることができるのです。

不動産の組み換えも視野に入れながら、徹底的に法人を活用し、借入に頼りすぎず不動産を有効活用して収入（キャッシュフロー）を上げるイチマルコンサルであれば、二代三代先まで財産を守ることも可能です。

第4章では正しい相続対策とはどういうものか、具体的にどのように不動産の有効活用や法人活用をすれば、より多くの財産を守ることができるかを具体的な事例を用いながら説明していきます。

目先の「節税」だけを考えて、さまざまな業者が提案してくる「一時的な節税にはなるものの、長い目では相続人が苦しむことになるリスクが隠れた提案」に安易に乗ってしまうと、将来、多くの財産を失う皮肉な結果を招きかねません。

相続税ばかりを気にしすぎると失敗する

相続税負担が重い都市農家（地主）が陥りやすい相続税対策の典型例

相続税の節税ばかりを考えていると、近寄ってくる業者のセールストークの口車に乗せられやすくなり、結果的に失敗する可能性が高くなります。

ここで、ある都市農家の資産構成を例に解説します。

【家族構成】

Aさん　70歳

母　65歳

長男　38歳　※会社員だが近く実家に戻って農業を継ぐ予定

【資産構成（図表3−3参照）】

・自宅　３００坪

・自宅周り生産緑地　９００坪
・古アパート３棟　３５０坪
・駐車場　４００坪
・貸し倉庫　２００坪
・生産緑地　３００坪
・宅地並み農地　３００坪
・私道　50坪
計２８００坪

不動産収入　２６００万円
畑（１５００坪）　路線価１００万円／坪
（規模格差補正適用前）

課税資産総額　20億円
一次相続税　４億６６００万円＊法定相続割合（納税猶予なし）で相続した場合

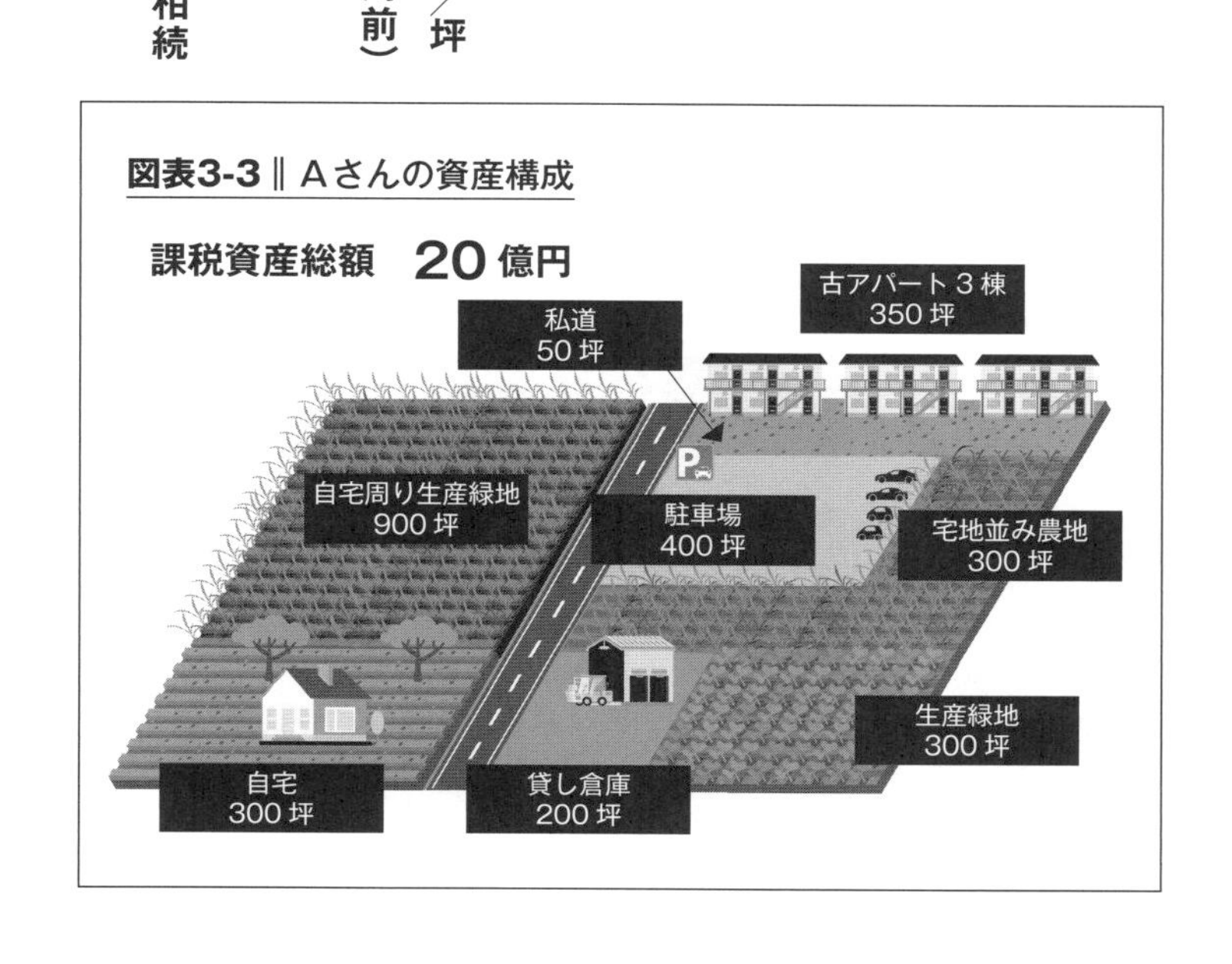

二次相続税　　４億５８００万円＊同右

一次・二次相続税の合計額

９億２４００万円

相続対策を何もしなければ、一次相続税と二次相続税で全財産の約半分となる9億2400万円相当の財産を失います（図表3-4）。

できるだけ畑を残そうとすれば、駐車場や貸し倉庫など収入のある不動産を売却しなければ相続税が払えず、その後の収入の減少を余儀なくされます。**「農地を守りたい」という思いが、結果として多くの土地を失う皮肉な結果を招いてしまうのです。**

相続税負担が大きい場合、相続発生に備え、駐車場や畑を相続時に売却して相続税資金を

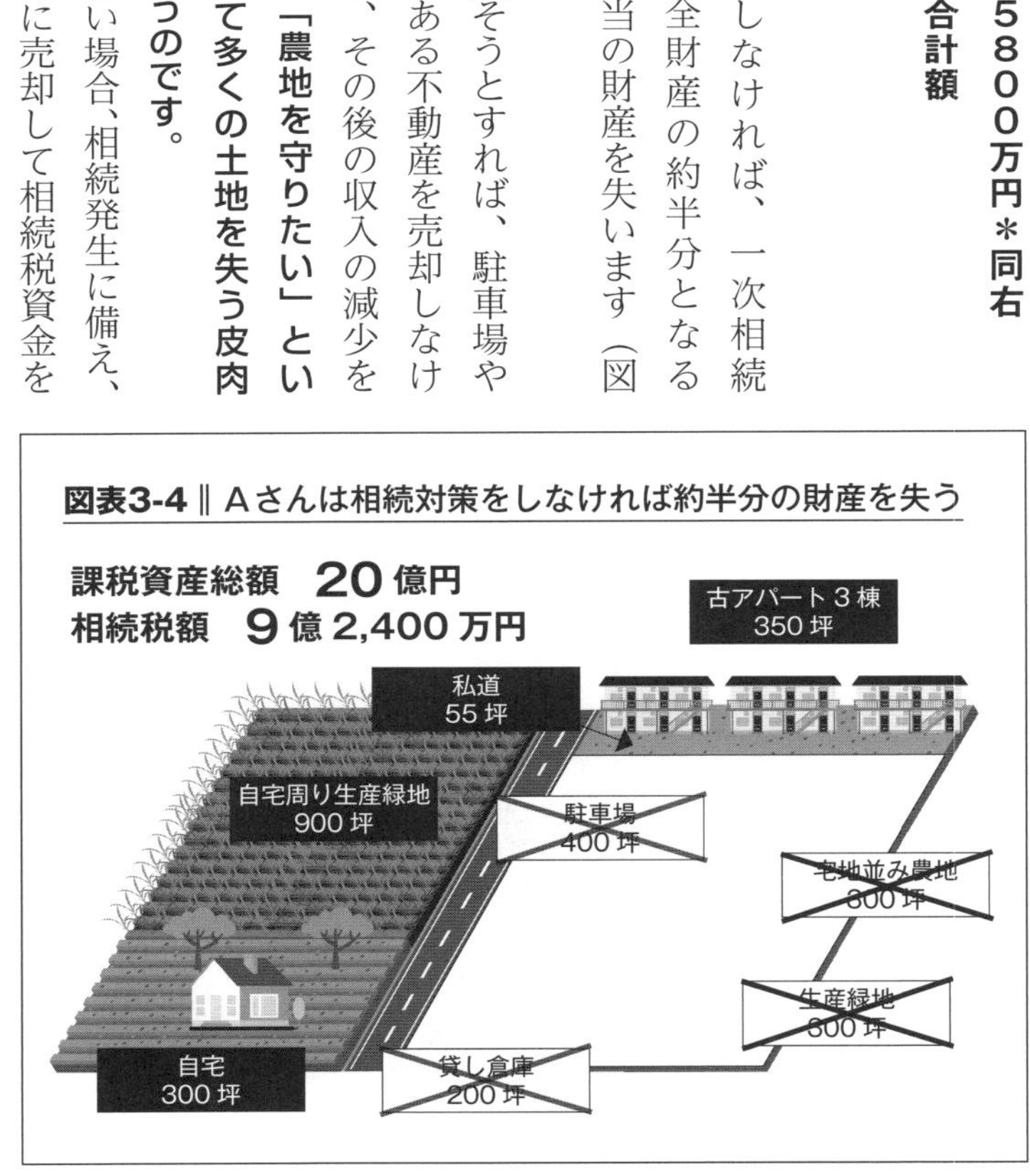

図表3-4 ‖ Aさんは相続対策をしなければ約半分の財産を失う

手当てするための「納税地」として考える人は少なくありません。

そこに建築会社の営業マンがやってきて、「このまま相続対策をしなければ、相続税で財産が半分になってしまいます」と不安を煽り、「35年一括借り上げで収入も安定し、相続税対策になります」と、アパートの建築を提案をしてくることはよくある話です。

たとえば、Aさんが相続対策のために駐車場の土地の一部にまず1棟1億円のアパートを建築したとします。サブリース契約なら当初の家賃の固定期間内であれば、契約時に約束された保証家賃が確実に入ってきます。

建築サブリース会社の営業マンは親切ですから、Aさんはしだいに営業マンを信頼していきます。そこで営業マンはAさんに対して、残りの駐車場と宅地並み農地にアパートをあと2棟（計3棟）とマンション1棟を建築すると相続税が約半分になると節税効果（図表3-5）を大々的にアピールします。建築費の計10億円は全額借り入れですが、35年間家賃保証を謳ったサブリースによる安定収入を強調されたことでAさんは安心して契約を結んでしまうのです。

その後も家賃が下落しなければ素晴らしい相続対策です。しかし第2章で述べたとおり、家賃の下落は不可避ですから、当初の目論見どおりにはなりません。

図表3-5‖10億円を借り入れて賃貸住宅を建てた場合の節税効果

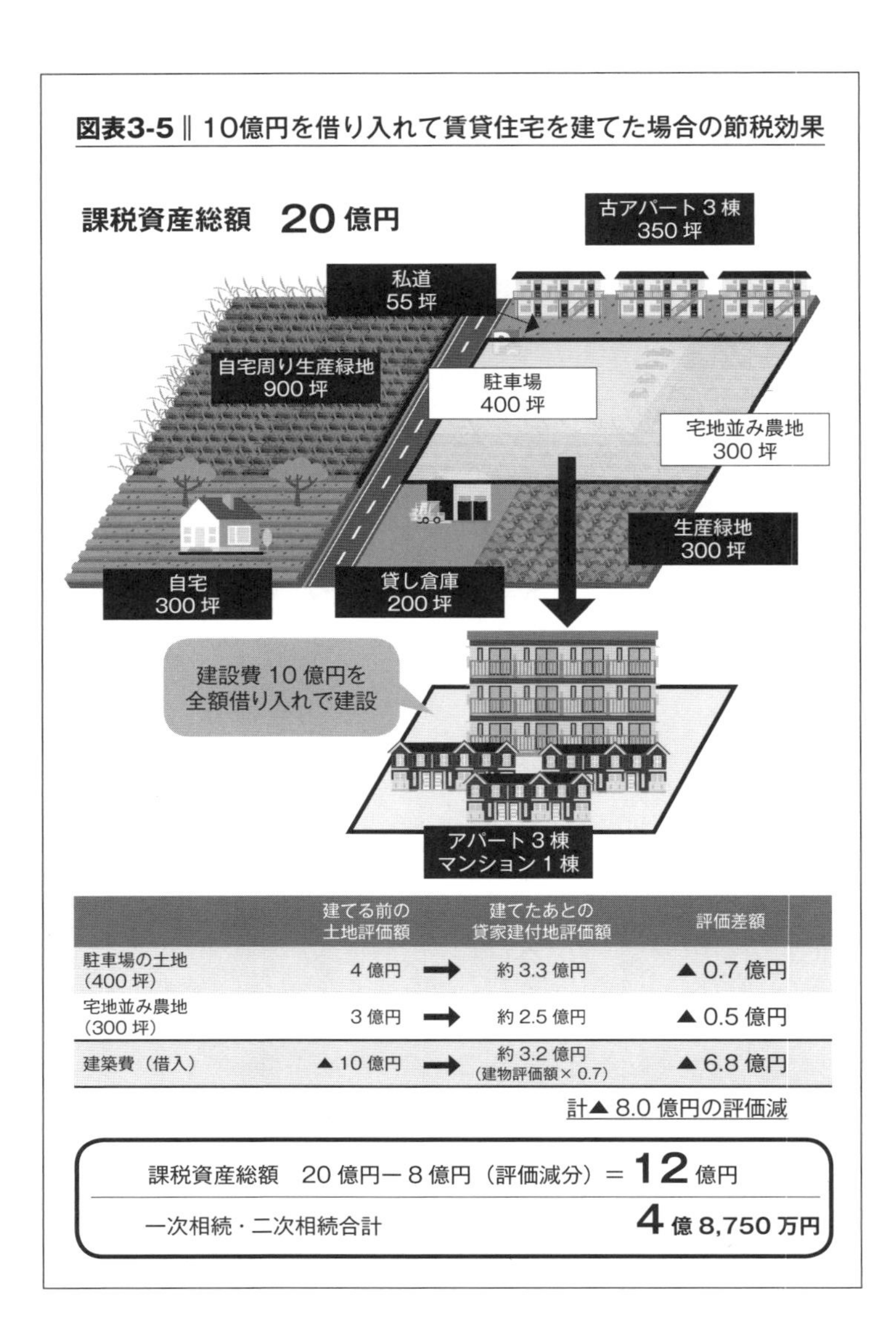

	建てる前の土地評価額		建てたあとの貸家建付地評価額	評価差額
駐車場の土地（400 坪）	4 億円	➡	約 3.3 億円	▲ 0.7 億円
宅地並み農地（300 坪）	3 億円	➡	約 2.5 億円	▲ 0.5 億円
建築費（借入）	▲ 10 億円	➡	約 3.2 億円（建物評価額× 0.7）	▲ 6.8 億円

計▲ 8.0 億円の評価減

課税資産総額　20 億円－ 8 億円（評価減分）＝ **12** 億円

一次相続・二次相続合計　**4 億 8,750 万円**

たしかに相続税は約半分になる!

駐車場400坪と宅地並み農地300坪にアパート3棟とマンション1棟を建築すると相続税評価上、貸家建付地となり評価額が約1・2億円下がります。そして、10億円の借り入れで建築した建物の評価額は約3・2億円になることはあります。合計で8億円の評価が下がるので、20億円だった相続税評価額は12億円となり、一次相続と二次相続で納める相続税は計4億8750万円になります。20億円の相続税合計9億2400万円の半分近くまで下がります(図表3-5)。

近年は建築サブリース会社などはリピート営業に力を注いでおり、一度に複数棟を建築する地主もよく見かけます。そのほとんどが建築費用を全額借り入れ、もしくは多額の借り入れでまかなっており、将来的な家賃下落への備えができないことがほとんどです。

相続税をゼロにしようとすると失敗する

借り入れを増やしてマンションを建築したり、収益不動産を購入すれば相続税はゼロにできます。Aさんの事例では、借金を約25億円まで増やしてアパート・マンションを建てれば、一時的に相続税はゼロになります(図表3-6)。

私のもとに相談に来る人のなかにも相続税をゼロにしたいと考える人はいますが、「目先

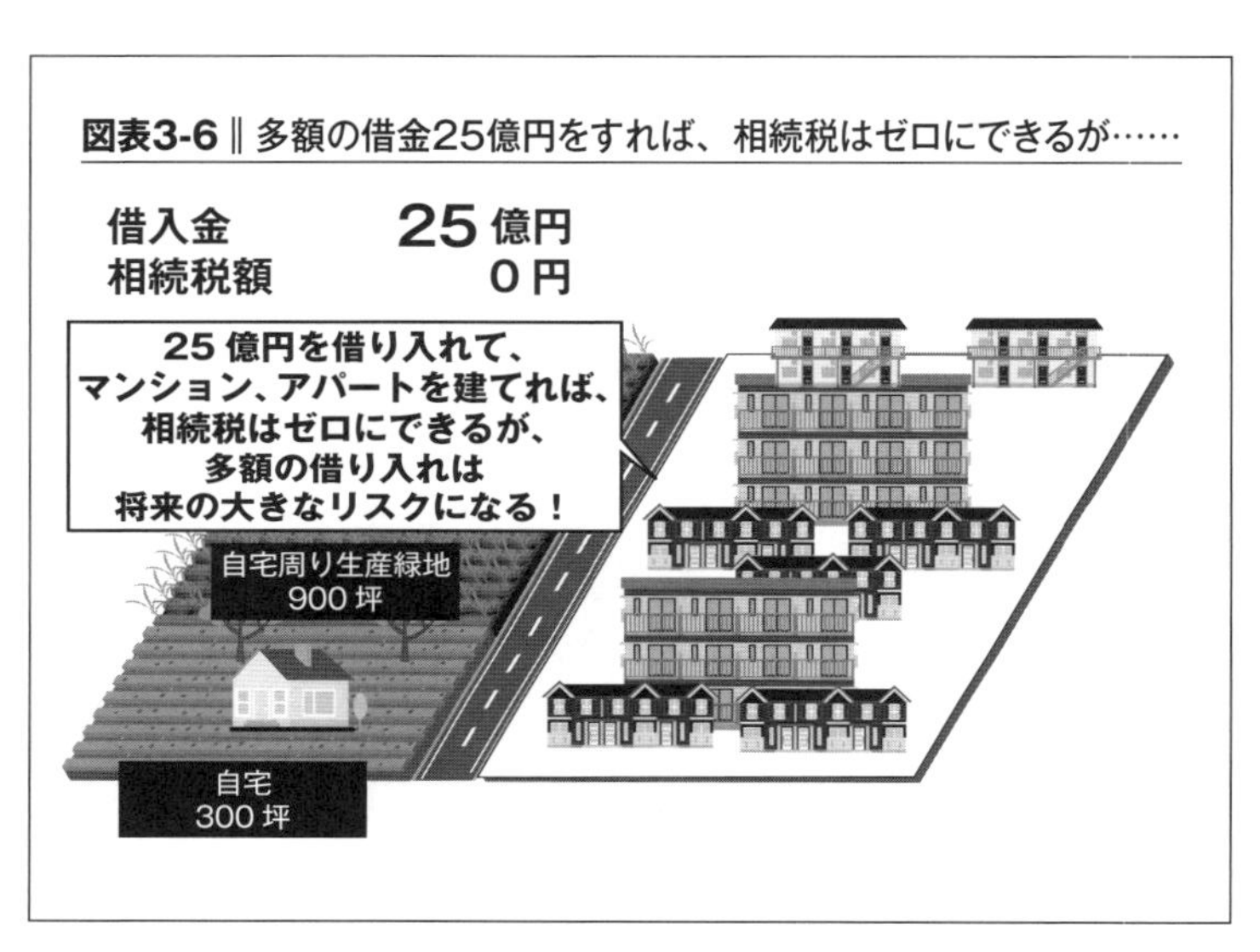

図表3-6‖多額の借金25億円をすれば、相続税はゼロにできるが……

の相続税をゼロにすることばかりを考えないほうがいいですよ」とアドバイスしても、一部の人には耳を傾けてもらえません。その結果、相続対策を失敗する人がいます。

Aさんと同様の財産構成で、父親が数年前に体調を悪くし、その後、財産管理と相続対策を一任されていた都市農家の長男Bさんが相談にきました。その要望は次のようなものでした。

「相続税をゼロにしたいので、都心の収益不動産を買いたい」

「購入資金は全額借入できるので、物件を紹介してほしい」

私ははっきりと「やめたほうがいい」と申し上げると、Bさんとはそれっきりになってしまいました。

図表3-7‖借入金で賃貸マンション購入の相続税対策で否認された事例

相続税の節税対策目的のために借入金で賃貸マンションを購入し、評価通達に基づき申告したが、課税当局から総則６項（＊）適用により更正処分を受け、これを不服として国税不服審判所に対して更正処分等の取り消しを求めたが、国税不服審判所は総則６項適用による課税当局の課税処分を支持する裁決を下し、その後、訴訟（平成29年（行ウ）第539号・東京地方裁判所民事第38部係属）に発展した（裁判中の）事例

平成20年　5月13日	**被相続人はA銀行に相続・事業承継について相談**
平成21年　1月30日	**被相続人は銀行からの借り入れでB不動産を購入**
平成21年12月25日	**被相続人は銀行からの借り入れでC不動産を購入**
平成24年　6月	**被相続人死去**
平成25年　3月　7日	**相続人がB不動産を売却**
平成28年　4月27日	**総則６項適用より本件不動産を不動産鑑定評価（時価）により評価した価額により相続税の更正処分**

＊総則６項とは、財産評価基本通達 第１章総則６項（この通達の定めにより難い場合の評価）の通称であり、以下の内容。
「この通達の定めによって評価することが著しく不適当と認められる財産の価額は、国税庁長官の指示を受けて評価する。」

そして、3年後に相続が発生したタイミングで、また相談にやってきました。

25億円を借り入れて、アパートマンションの建築と収益不動産も数棟購入したことで、いったんは相続がゼロになったと思ったものの、その後、路線価が上昇したこともあり、見込み違いで相続税が発生したというのです。

しかし、畑を含めて売却できそうな不動産はすべて担保に入っていたため、納税資金を手当てできなくなっていました。購入した収益不動産のなかには値上がりしたものもありましたが、税務リスクがあるため売却できません（図表3-7）。しかも悪いことに、購入したオフィスビルで空室が続き、早くもキャッシュフローは赤字に転落、返済が苦し

くなっていました。

Bさんはわずか数年でこれほどの状況になるとは考えていませんでしたが、実は私でさえこんなに早くキャッシュフローが回らなくなるとは思ってはいませんでした。

不動産価格が高値圏にあって賃料利回りが低い状況では、全額を借り入れて不動産購入すると家賃の下落や空室の増加、空室の長期化には耐えられません。相続税をゼロにしようという発想がこの結果を招いたといっても過言ではないのです。

節税中心の発想から収入を上げて財産を守る発想に切り替える

大事なことは、「節税中心の発想」から「収入を上げて財産を守る発想（＝イチマルコンサルティング）」に頭を切り替えることです。

提案者（業者）のセールストークを鵜呑みにし、巨額の借金をしてアパートやマンションを建てて相続税を減らそうとする〝節税中心〟の対策は、たしかに目先の相続税を減らすには効果絶大ですが、長期的に見ると必ずしも有効とはいえません。

前著にも書いたように、借り入れのしすぎは相続対策を失敗させる典型的なパターンです。

２０２５年以降は首都圏でも空室の増加や賃料の下落が顕著になるでしょう。20年後に家賃が30％下落してもまったく不思議ではありません。それが現実になれば、相続対策で建築したアパートやマンションは、財産を守るどころか、財産を食いつぶすだけの負動産になってしまいます。

繰り返しになりますが、**相続対策の3原則を守りつつ、法人を活用しながら収入を増やす「イチマルコンサル」による相続対策を行えば、土地を手放さず、現金または法人を使って納税が可能になる仕組みをつくることができ、相続から財産を守れるようになるのです。**

“土地を守る”から“財産を守る”発想に切り替える

富裕層向けの収益不動産の価格もピークは過ぎている可能性大

第2章でも書きましたが、富裕層向けの相続税対策目的の収益物件は不足しており、高値安定が崩れる気配はありません。正直に申し上げると、2013年当時、私はここまで不動産価格が高くなるとは考えていませんでした。今にして思えば、当時相談にこられた方には、「もっと積極的に不動産購入を勧めてもよかったかもしれない」と反省する面もあります。

しかし、すでにサラリーマン投資家向けの一部の不動産は下落に転じるなど、一部では確実に陰りが見えています。近い将来、富裕層向けの相続対策用収益不動産にも潮目が変わってもおかしくはありませんが、それでも相続税対策としての最適な財産ポートフォリオ構築には、不動産購入は有効な手段として外すことはできません。ただし、2019年2月末現在の市況下で収益物件の購入を検討するには、物件の見極めや資金計画（借入返済計画）に注意し、慎重に検討する必要があることは今さらいうまでもありません。

私は、リスクが大きい借り入れだけに頼った不動産購入には一貫して否定的な立場です。相

続対策、不動産投資での代表的な失敗は、「身の丈を超えた借り入れのしすぎ」だからです。

まさかに備え、20％程度の不動産価格下落、30％程度の家賃下落を想定した保守的な計画を立てれば、借り入れの返済ができなくなる事態はほぼ避けられます。

逆に多額の借り入れをして楽観的な計画を立てれば、経済状態が大きく悪化したときに家賃収入よりも借り入れの返済が多くなってしまう負動産に転落する可能性はきわめて高くなります。

「土地を守る」から「財産を守る」発想に転換する

不動産市況に影響の大きい日本の景気については、「2020年の東京オリンピックまでは大丈夫だろう」との考えが一般的であり、私も世界的に大きなショックが起こらなければ、という条件付きですが同様の考えです。

すでに述べたとおり、不動産市況は、一部の不動産価格の下落はあるものの富裕層向けの収益不動産を中心にもうしばらくは高値圏での横ばいが続くでしょう。

首都圏の住宅価格についても、東京オリンピック後に購入を考えている需要層が一定数はいるので、オリンピック後すぐに大きく下落に転じることはないと見ていることは、まえがきでも述べたとおりです。しかし、将来の20歳～49歳（新規住宅需要層）人口減少が確実なエリアでは、徐々に下落し始め、将来的には現在の水準から大きく下落する可能性が高いと考えています。

不動産市況が好調な今なら、すでに空室が多い物件はもちろんのこと、今後の需要減少が確実な物件、修繕費がかかりそうな古い物件、借り入れが大きくキャッシュフローが悪い〝負動産〟や〝負動産〟予備軍でもそれなりの価格で買い手が見つかります。しかし不動産市況が悪化してからでは安い価格でしか売却できないばかりか、売却そのものができなくなるかもしれません。

「先祖代々受け継いできた大切な土地を守りたい」という想いについては、私たちも重々承知しています。しかし「土地を守る」ことに固執するあまり、一時的に相続税が少なくなるからといって、将来のキャッシュフローの悪化を考慮しない借金に頼った相続対策をしても子や孫に問題を先送りするだけです。また、「土地を守る」という大義名分で、収益性が低い土地を何もせずに放置するなど相続対策を一切行わないことも、子や孫に問題を先送りするという点は同じです。

子や孫に必要以上の苦労をさせないためにも、**「土地を守る」から「財産を守る」という発想へ転換し、最適な財産ポートフォリオに再構築することで効果的に多くの財産を守ることも必要ではないでしょうか。**

第2章でも述べたように、**不動産現金化に最高の時代もいよいよ終盤にさしかかってきました。今のうちに〝負動産〟および〝負動産〟予備軍を現金化して最適な財産ポートフォリオを構築することは、「財産を守る」ことにつながります。**そして「まさか」にも備え、不動産を負動産にしないために、どうすればいいかを今から考えても早すぎることはありません。

第4章では不動産を利用した相続対策の成功事例と失敗事例を紹介しています。〝負動産〟にしないためのヒントがきっと見えてくるはずです。

第4章

成功事例で学ぶ
不動産現金化時代の負動産とは無縁の
〝財産を守る〟不動産対策

不動産相続対策にはさまざまな成功パターンがある

知恵を絞れば、不動産活用・相続対策の解決策はきっと見つかる！

本章では、実際にあった事例をもとに、不動産活用・相続対策の成功例を紹介していきます。私たちは、日々不動産の有効活用、相続対策に関するさまざまな相談を受けていますが、どれひとつとしてまったく同じケースはありません。

それぞれの家族には、それぞれの思いがあり、それぞれの事情があります。私たちは、それぞれの思い、それぞれの事情に寄り添い、相談者のニーズに合った最善の提案を心掛けています。

しかし、私たちによるコンサルティングは、いわばフルオーダーメイドですから、この本を読んでいただいているみなさんそれぞれの事情にぴったり合った説明をすることは不可能です。そこで本章では、不動産活用・相続対策を考えるうえでのヒントになるものが少しでもあればという思いで、負動産とは無縁になった7つの成功事例を紹介します。これらの事例は、不動産の現金化をテーマに取り上げた前著の発売前後に手掛けたものが中心になっています。

第3章でも述べたように、私たちは特定の商品・サービスを販売することにこだわる必要がない独立系のコンサルティング会社です。みなさんの多くは不動産活用・相続対策について相談できるのが顧問税理士や金融機関、なかには建築サブリース会社だけというケースもあるのではないでしょうか。もしそうであれば、相談したところでどうしても、それぞれが取り扱っている商品・サービスを使って解決を図ることになりがちです。たとえば、多くの税理士は税務のことはわかっても不動産についてはわかりません。それでは解決策の選択肢がどうしても少なくなってしまいがちです。

不動産の有効活用や相続対策で悩みを抱えている不動産オーナー・都市農家（地主）の方々のなかには、解決策が見出せずに不安ばかりが大きくなっている人がいるかもしれません。しかし、本章で紹介する事例を見ていただければ、かなり困難な状況でも私たちのコンサルティングによって、解決策が見つかることがおわかりいただけるはずです。

これから紹介する7つの事例を見ることで、多種多様な不動産活用・相続対策の方法があり、知恵を絞ればあきらめかけていたケースでも、満足できる解決策を見つけられる可能性があることがわかるでしょう。

成功事例①知恵と工夫の敷地一部売却で破たん危機を回避！最適な財産ポートフォリオの再構築へ

多額の残債に悩み、収益不動産の売却を考えたが……

不動産オーナーのAさんは、築27年のビジネスホテルを所有していました。

このビジネスホテルを運営する業者（以下、ホテル）との契約は、２０１０年に20年の契約期間が終了することになっていましたが、満了前にホテル側は再契約しない可能性にも言及していました。不景気のさなかで、多少賃料が下がっても契約を更新することを希望していたAさんは、ホテルの要求どおり賃料を月額３００万円まで下げ、契約を更新しました。その後、ホテルは内装を中心に改装を実施。その効果もあって稼働率は向上し、Aさんにとっても大切な安定収入になっていました。

以前からホテル側は「大規模修繕工事をしてほしい」とAさんに要求していましたが、Aさんに工事費用を捻出する資金が不足していたため、ホテルを満足させるような十分な対応

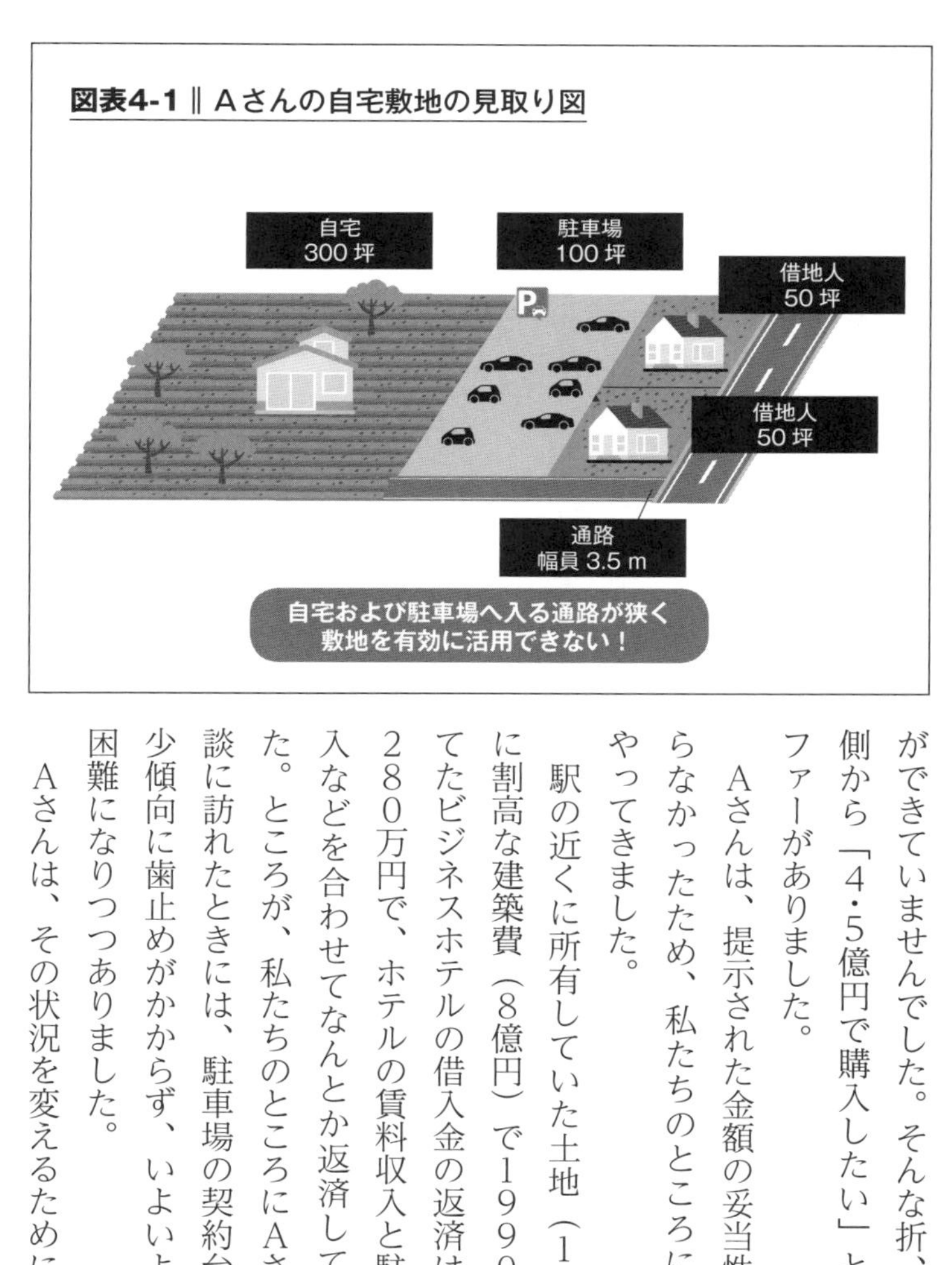

図表4-1 ‖ Aさんの自宅敷地の見取り図

ができていませんでした。そんな折、ホテル側から「4・5億円で購入したい」というオファーがありました。

Aさんは、提示された金額の妥当性がわからなかったため、私たちのところに相談にやってきました。

駅の近くに所有していた土地（130坪）に割高な建築費（8億円）で1990年に建てたビジネスホテルの借入金の返済は月額約280万円で、ホテルの賃料収入と駐車場収入などを合わせてなんとか返済していました。ところが、私たちのところにAさんが相談に訪れたときには、駐車場の契約台数の減少傾向に歯止めがかからず、いよいよ返済が困難になりつつありました。

Aさんは、その状況を変えるために、主な

収入源である築27年のビジネスホテルを手放すことを真剣に検討し始めていました。この時点で借入金の残債はまだ約3億円ありました。

私たちがホテル側の購入希望価格を現行賃料に照らし合わせて試算すると、表面利回り（約8％）の面から見ても、積算価格（土地価格＋建物価値）の面から見ても、かなり安い提示価格でした。相場より安い価格を提示したホテル側の言い分は、「大規模修繕工事費用に約1億円かかる」というものでした。

この価格でもホテル側に売却すれば、ホテル建設の借入金を完済できましたが、私たちはAさんの500坪の自宅敷地（図表4-1）の収益性の低さに目をつけました。その内訳は、300坪の自宅敷地、2軒の借地人の住宅（50坪×2）、100坪の月極駐車場です。

そこで自宅敷地の活用もしくは一部売却による借入金返済負担の軽減を検討したものの、それも難しいことがわかりました。過去にAさんは知り合いの不動産業者に対して借入金の返済のために自宅敷地の一部の売却を相談していましたが、Aさんの土地は道路と接しているところに借地人がおり、自宅と駐車場の敷地へは道路に3・5mしか接していないため（図表4-1）、たとえば駐車場部分を売却すると、自宅が無道路地になるため現実的ではありません。また全体を売却してしまうと道路を入れることができないため、想定よりも安い価格でしか売却できないとの結論でした。

図表4-2‖《対策フェーズ1》実行後のAさんの敷地

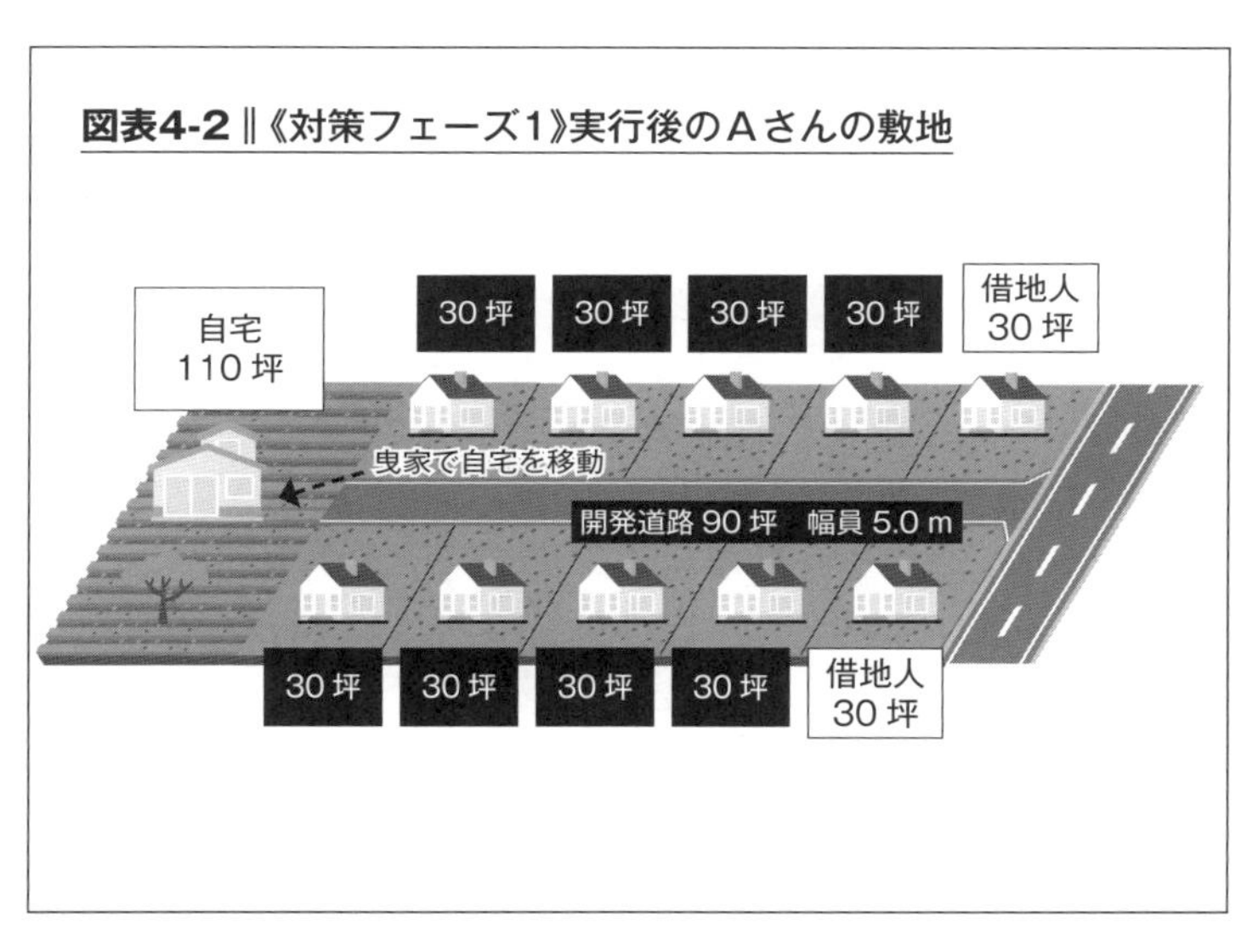

Aさんは、自宅を含めた敷地全体を安い価格での売却は考えていなかったため、ビジネスホテルを売却するしかないとあきらめていたのです。

知恵と工夫で
自宅敷地の価値アップに成功！

私たちは、Aさんの悩みを解決するために、《対策フェーズ1》と《対策フェーズ2》の2段階に分けて考えました。

《対策フェーズ1》は図表4-2に示すように、自宅＋駐車場の敷地400坪＋借地人部分100坪、合計500坪の土地を有効に利用できる土地にする（一部でも全部でも高く売れる土地にする）ことを狙ったプランです。

ポイントは借地人2人の協力を得て、開発

道路を入れ、自宅を奥に曳家をして移動させることで、その自宅の敷地（110坪）部分を除き、借地人の家のある土地部分を含め戸建て用地に開発（共同開発）できるようにすることでした。

借地人のBさんとCさんには、土地の交換特例を使って50坪の借地権と30坪の所有権の土地（間口部分）を開発を前提に交換する計画とし、開発完了後は借地人が戸建て業者から分譲建物を安く購入できる条件も付けました。

間口部分の借地人に対し《対策フェーズ1》の共同開発の提案をして、その了解を得たうえで借地人の所有権となる部分は売却せず、残った部分の土地に開発道路を入れて8区画の戸建て分譲ができるようにする計画です。その条件を承諾した戸建て業者20社で入札した結果、2億6000万円で売却できました。Aさんは借入金約3億円のうち約2億円の返済に充てることができました。

借地人は土地が所有権になり、建物も安く購入できるようにすることで敷地内で移動してもらいました。かつ曳家を行ったことで自宅を失うことなく、敷地の一部売却が可能になったのです。

《対策フェーズ2》は、長期的な安定収入と将来の遺産分割を意識した最適な財産ポートフォリオを構築することが目的です。

まず、《対策フェーズ1》では、借地人も参画しての共同開発で土地を売却することで、借入金の約3分の2を返済したことで、Aさんのキャッシュフローは大幅に改善しました。これにより危機的状況から抜け出すことができました。

そして《対策フェーズ2》で将来の収益性で課題になったのは、築27年のビジネスホテルで確実に発生する大規模修繕工事です。長期的に保有するのなら適正な対策を適正な価格で実施すればいいのですが、Aさんは次のように考えていました。

「今はホテルの運営は順調だが建物は古い。周辺にいくつか新しいビジネスホテルも建設されていることもあり、東京オリンピック後は宿泊客は減り、過当競争になるのではないか」

前述したように、家賃の大幅な値下げも経験しているため、将来の賃料下落が予測されるなかホテルを所有し続けることに不安があったのです。

Aさんは、ホテル側から提示された4・5億円という価格にも納得していません。そこで私たちは2つの提案を行い、①と②を試算して、どちらが得策かを検討しました。

①継続保有を前提に建物の大規模修繕工事を行った場合の長期のキャッシュフロー見通しと10年後にホテルが撤退したときに建物を解体して売却した場合の手残り金額の試算

②売却先をホテル運営事業者に限定せずに売却する。そのときの売却価格の査定

①については、10年以上の長期にわたって現在の収入が確保できるなら当然保有し続けたほうがいいという結論になりますが、10年以内にホテルが撤退したり、賃料の値下げがあるかもしれません。しかも10年後には地価が下落している可能性もあります。これらの点を勘案すると、売却したほうが有利との結果になりました。

当時（2017年）も不動産を売却するには最高の市場環境で、②では、ホテル側が提示した価格よりもかなり高く売却できる見込みがありました。

そこで実際に水面下で数社に打診したところ、「5・5億円でも買いたい」というオファーがありました。

Aさんは東京オリンピック後のホテル運営の状況について悲観的でしたので、売却する方針を固めました。ただ、義理堅い性格のAさんは、「まずは長い付き合いをしてもらっているホテル側と交渉してから、第三者に売却したい」との意向でした。

Aさんの希望に沿って、ホテル側と交渉した結果、売却価格はAさんが納得できる額である5・5億円に決まり、無事売却できました。

売却代金を譲渡税や借り入れの返済に充てたのちに残ったお金は、リスクの少ない金融商品で運用しながら、将来の遺産分割を考慮した相続対策のため、時期を見て立地の良い土地を購入してアパートを建てるか、分けやすい不動産を購入する意向です。

Aさんは、絶好のタイミングで不動産を現金化することで、多額の借入金を返済してこれまでに悩まされた返済のプレッシャーから解放されただけでなく、将来に向けて次の一手を考える余裕を持つことができたのです。

私たちは、Aさん一家にとっての最適な財産ポートフォリオ構築をサポートするため、現金化した資産の運用についても必要に応じてアドバイスを継続して行っています。

成功事例②隣人の協力を得て、将来の相続税納税と負動産を不動産にして有効活用に成功！

有効活用できなかった旗竿地の問題点

Bさん（85歳）の家族構成は、妻（80歳）と同居している未婚の長男（55歳）のほか、長女（51歳）と次男（49歳）がいます。財産構成（相続税評価額）は、次のようなものでした。

・不動産　2億8500万円
（内訳）自宅、長女自宅、アパート2棟、宅地並み農地（約280坪）
・預貯金　1500万円
・借入金　6000万円

Bさんは相続税の納税資金に不安があるなか、建築サブリース会社から相続対策のため旗

図表4-3‖Bさんが次男と共有する土地の所有状況<対策実行前>
赤道
市が保有する土地
Bさんが保有する
宅地並み農地
X 地
Bさんの宅地並み農地に接する道路の幅が 2.5 mしかないため、
宅地並み農地を有効活用できない
→開発するためには建築基準法で定められた幅 5 mの道路を接道する必要がある！

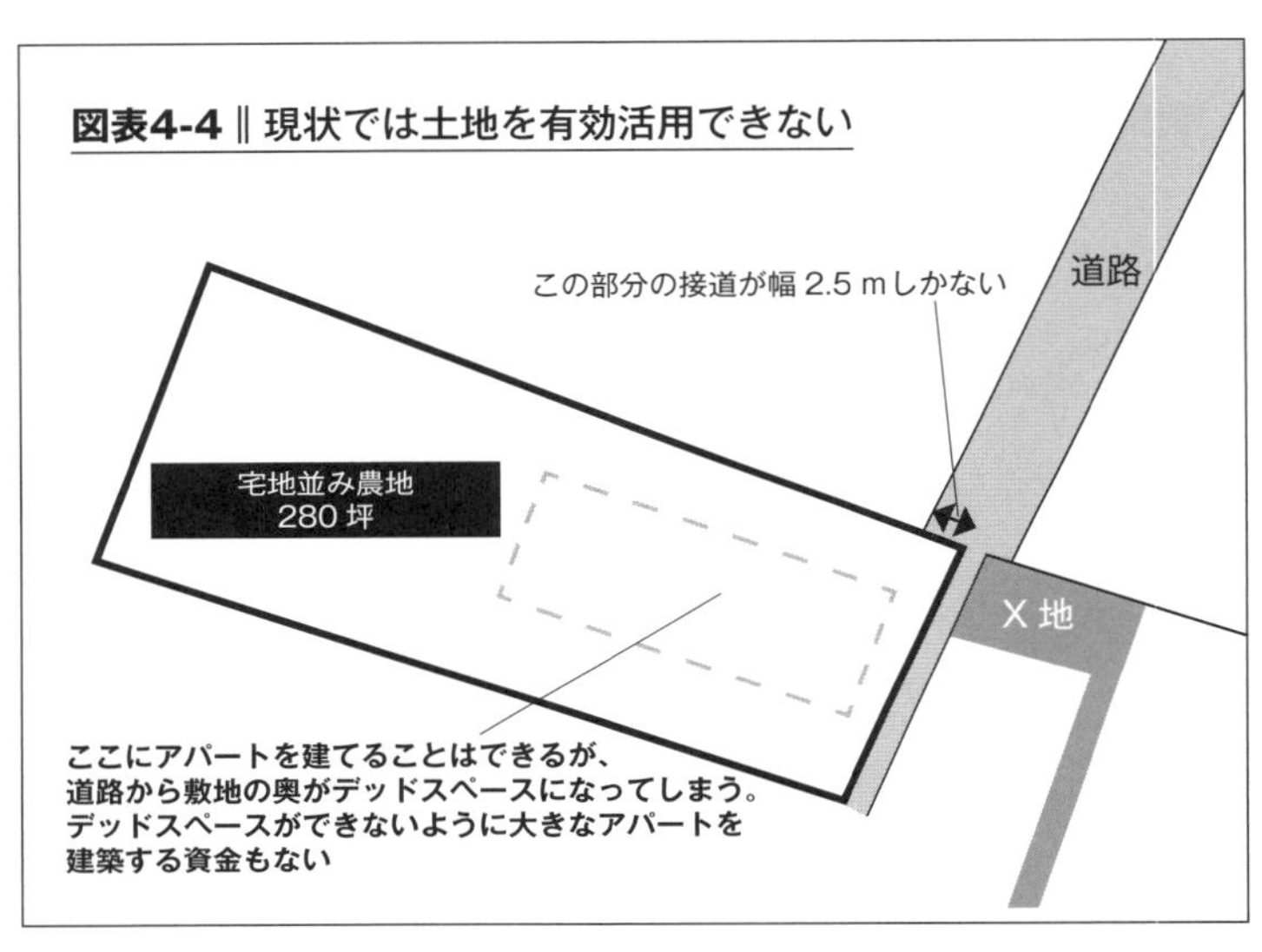

竿地にある280坪の宅地並み農地に2mの接道があれば建てられる長屋タイプのアパート建築の提案を受けていました。その提案どおりにアパートを建てても大丈夫か心配する一方で、何も相続対策をしなければ、宅地並み農地を売却しないと相続税が払えないのではないかと不安を募らせていたのです。

そこで私たちが一次相続、二次相続までの相続税について現状分析すると、課税資産約3億円に対して一次相続税が2500万円、二次相続税が1400万円となり、計3900万円の相続税になることがわかりました。Bさんの現預金は1500万円ですから2400万円が不足する状況でした。

宅地並み農地は接道が幅2・5mしかありません。建築基準法では幅4m未満では道路

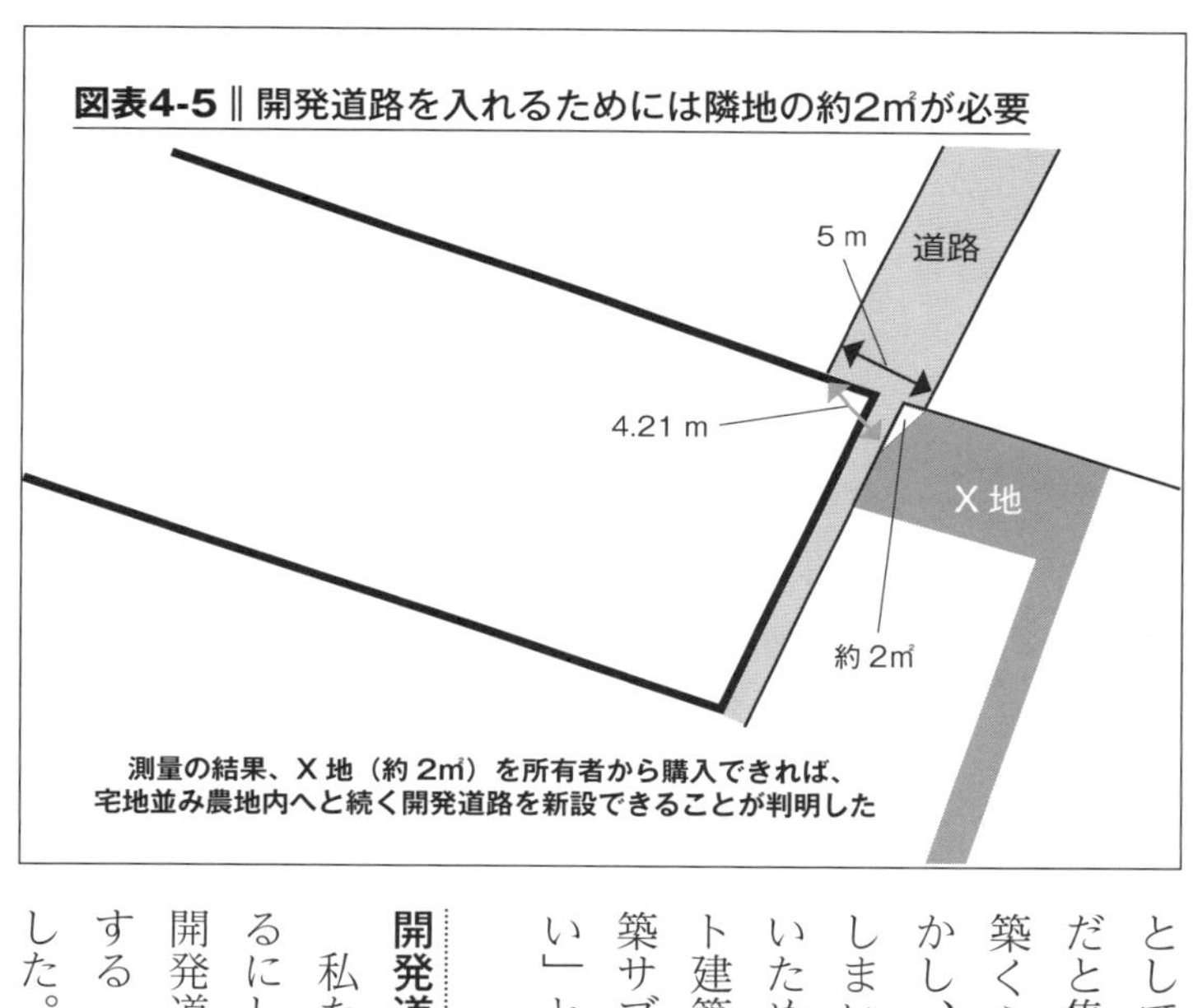

としては扱われませんので、この状態のままだと集合住宅では長屋タイプのアパートの建築くらいしかできません（図表4-4）。しかし、それでは敷地の利用効率が悪くなってしまいます。しかもBさんの自己資金が少ないため、多額の借り入れが必要になるアパート建築はリスクが大きすぎます。私たちは建築サブリース会社の提案は「やめたほうがいい」とアドバイスしました。

開発道路を入れるために隣人の協力を得る

私たちは、この宅地並み農地を有効活用するにしても、売却するにしても幅5m以上の開発道路を入れて、有効に利用できる土地にする（＝価値を高める）必要があると考えました。

しかし、自分の土地だけで道路を拡幅するのは不可能です。赤道の一部と隣地所有者の土地の一部が必要でした。そこで測量をしてみると、隣地（X地部分）の約2㎡を購入できれば、幅5mの開発道路をつくれることが判明しました（図表4-5）。

X地の所有者の土地も旗竿形状の土地です。Bさんが開発道路を造成できれば、X地の所有者の土地の価値も高くなります。そこでX地の所有者に対して、開発道路の造成にともなう塀の再設置や樹木の植え替えなどの全費用もBさんが負担することを説明したところ、道路完成時にBさんの土地と一緒にX地（約2㎡）を市へ寄付するかたちで協力してくれることになりました。

私たちはX地所有者の協力を得ることを確認できたことで、Bさんの宅地並み農地の有効活用プランについて本格的に検討を始めました。Bさんの自己資金が少ないため、建築費の半額程度の補助金が出るグループホームの建築プランも検討しましたが、当該地域ではグループホーム事業者の公募予定がなかったため、土地の一部を売却して戸建て賃貸住宅を効率よく建築できるように開発道路を入れるプランに絞って動き始めました。

その結果、6棟の戸建て住宅の建築ができるプラン（図表4-6）をつくり、開発道路部分と区画①~③の土地を戸建て業者に売却し（約6000万円）、区画④~⑥にBさんが戸建て賃貸住宅を3棟を建築することにしました。戸建て賃貸住宅の建築は計4社でコンペを

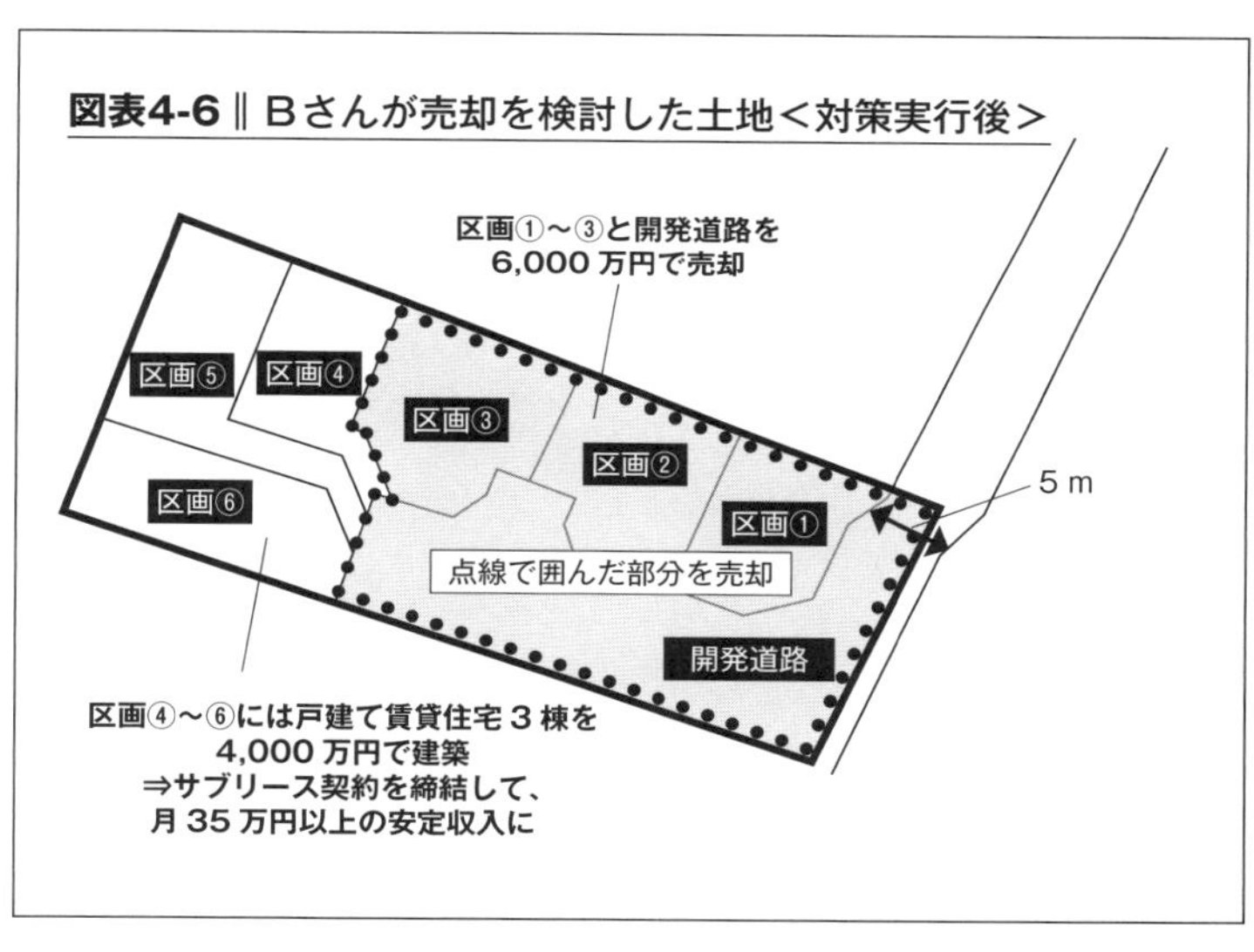

行った結果、建築費は約4000万円になりました。全額を自己資金でまかなうこともできましたが、財産の詳細を分析したところBさんが生命保険の非課税枠を使っていなかったため、相続対策として2000万円で一時払い生命保険に加入しました。

建築費のうち約1000万円はローンでまかない、好条件を提示した管理会社と3棟一括でサブリース契約を締結。空室が出てもローン返済には困らない仕組みを構築できました。

この一連の対策を実行した結果、課税資産は約2億5000万円になり、一次相続税は1900万円、二次相続税は900万円で相続税は計2800万円になりました。

この時点で、現預金は1000万円ですが、相続発生時には生命保険金2000万円が入ってくるため、納税資金の心配はなくなりました（保険金の受取人は子どもたち3人を指定）。

無収入だった宅地並み農地を一部売却して6000万円を手にしただけでなく、残った土地から月35万円以上の安定収入が入るようになり、Bさんには家計にも余裕が生まれました。

成功事例③兄弟の共有問題解消だけでなく、借地人や負動産所有者も大満足の等価交換&高値売却

弟との土地の共有を解消したいが、弟の要求に悩む兄

Cさん（60歳）は、JR中央線沿線の東京市部の駅徒歩約10分のエリアに、弟と共有で駐車場（30坪）、底地（借地人Aさん、Bさん、Dさんの3人で約83坪）、未利用地（約22坪）合計135坪（図表4-7）を所有していました。持ち分はCさんと弟で2分の1ずつです。

現在の収入は、駐車場収入が月額10万円、借地の地代が6万円の計16万円で、管理するCさんが収入の半分にあたる8万円を弟に毎月支払っていました。

普段は何もせず、いろいろと注文を付ける弟から「もっと収入を得たいから、駐車場に共有名義でアパートを建てたい」との要望があったことで、Cさんが知人を通じて私たちのところへ相談にやってきました。

相談時点でCさんは弟との共有を解消したいと考えており、共同でアパート建築するつも

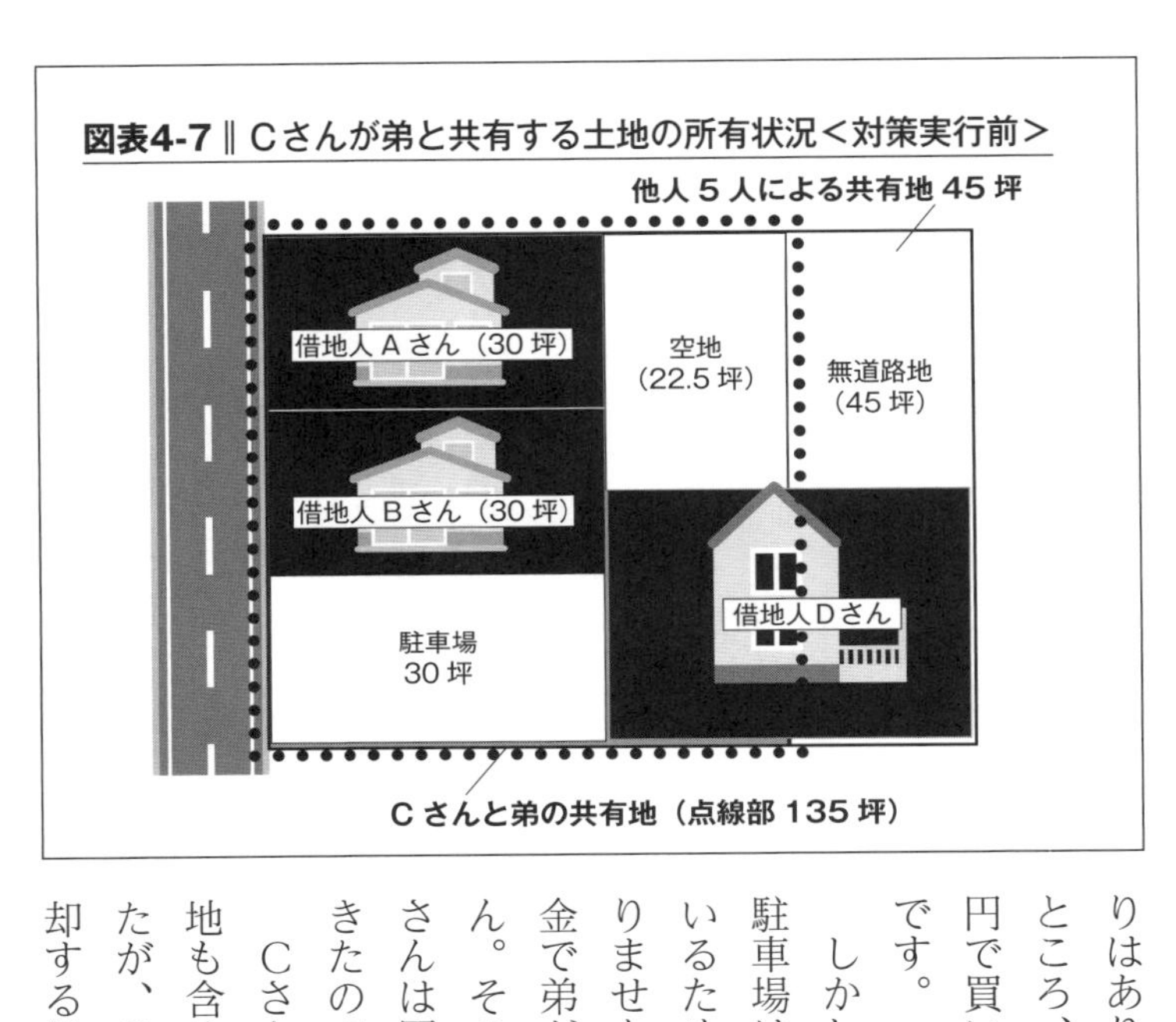

図表4-7 ‖ Ｃさんが弟と共有する土地の所有状況＜対策実行前＞

りはありませんでした。弟の申し出を断ったところ、弟は「駐車場の持ち分を2500万円で買い取ってほしい」と要求してきたそうです。

しかし、図表4-7を見るとわかるように、駐車場は借地人Ｄさんの家への通路になっているため、実際には5000万円の価値はありませんでした。しかも、Ｃさんは手持ち資金で弟が要求する額を支払う余裕はありません。その結果、弟の話は平行線をたどり、Ｃさんは困り果てて、私たちのところにやってきたのです。

Ｃさんは駐車場だけでなく、底地や未利用地も含めてすべて売却したいと考えていましたが、そもそもすべてを売却できるのか、売却する場合の適正価格はどれくらいなのかを知りたいとのことでした。私たちは、次の2つの売却方法を提案しました。

①借地人Aさん、Bさんに底地を売却、借地人Dさんに通路部分（幅2m、約7坪）と底地を売却、未利用地部分は借地人の誰かに買ってもらい、駐車場（通路部分除く）を売却する

②持ち分全部を業者にまとめて買ってもらう

①の案は、各借地人に資金力がなく、現実的ではないことがすぐに判明したので、即座に②に絞り、複数の買取業者に打診しましたが、買取額は高くても1億円ということでした。

Cさんは、その額ですべてを売却してもいいと考えていました。ところが、弟は「最低でも譲渡税を支払ったあとで5000万円を手にできないなら売るつもりはない」と強硬な態度を崩そうとしません。弟が希望どおりの額を手にするには、最低でも1億3000万円で売却しなければならず、新たな対策を考える必要が出てきました。

隣地を共有していた人たちの協力を得て、誰もが満足できる解決へ

私たちはこの場所について、こう考えていました。

「好立地で分譲マンションが建てられるため、奥の無道路地（45坪）を含め、敷地全体の地権者全員での共同売却もしくは等価交換ができれば、すべての問題を解決できる」

道路から奥まったところにある無道路地（45坪）が5人の共有になっているため、関係者は困っている可能性があると見ていました。条件によっては私たちのプロジェクトに協力してもらえる可能性があると考えました。そこで共有者の1人に話を聞くと、5人中4人は「安くてもいいから売却したい」と考えているとのことでした。過去に1人あたり100万円で買い取ると申し出た業者がいたそうですが、1人がその金額に納得しなかったため売却にはいたらず、5人で共有する状態が続いていました。

この敷地全体のマンション用地としての価値を査定すると、坪200万円という結果が出たので、私たちは路線価上の借地権割合（借地人の借地権の価値は時価の60％）をベースに所有権としての持ち分割合に換算し、図表4-8のように地権者などへの配分金額を試算しました。このときの考え方は次のようなものになります。

まず、敷地全体（180坪）の価格を3億6000万円（180坪×坪200万円）として、各地権者の所有権割合に換算した単純な権利割合で配分を行います。ただし、無道路地である共有者5人は、その額の半分以下とし、その余った分を他の地権者に配分するというものです（結果が調整後割合）。

図表4-8‖権利に応じた配分案

地権者	単純割合	調整後割合	金額
Cさんと弟	47.5%	**49.0%**	1億7,640万円
借地人Aさん	10.0%	**13.5%**	4,860万円
借地人Bさん	10.0%	**13.5%**	4,860万円
借地人Dさん	15.0%	**16.0%**	5,760万円
共有者5人	17.5%	**8%**	2,880万円
合計	**100%**	**100%**	**3億6,000万円**

私たちは、配分案のイメージを持ちながらも具体的金額は提示せず、まずは借地人3人に今回の等価交換プロジェクトについて説明したところ、次のような回答がありました。

借地人Aさん、借地人Bさんは、「住居用の3LDKのマンション1戸（所有権）が手に入るなら参加してもいい」、借地人Dさんは「金額次第で参加する」というものでした。

交渉の難航が予想されていた借地人Dさんから「金額次第で参加する」という回答を得ていたので、借地人Dさんが想定するよりも高い金額が出れば、このプロジェクトは実現する可能性が高いことがわかりました。

そこで、マンションデベロッパー数社に土地の売却を打診したところ、最良の条件を提示したのがマンションデベロッパーZ社でし

図表4-9‖基本合意した実際の財産の配分

地権者	金額
Cさんと弟	2億円
借地人Aさん	マンション1室+300万円（仮住まい補助）
借地人Bさん	マンション1室+300万円（仮住まい補助）
借地人Dさん	7,000万円
共有者5人	計3,000万円（1人あたり600万円）
合計	**4億円＋α**

た。その後Z社と細部にわたる交渉を進めた結果、3カ月後には3人の借地人と5人の共有者全員の希望を満たすかたちで基本合意を締結できたのです。その内容は、図表4-9のようになりました。

基本合意を結んでから1カ月後に、Z社と各地権者が本契約を結んだことで、Cさんは弟との共有を解消できただけではなく、すべての地権者が満足できる結果にできました。

成功事例④入居者を集約して敷地を有効利用したうえでの一部不動産の組み換え

毎月の収入を変えずに土地の一部売却を可能にした工夫とは?

Dさんは多摩西部エリア近くの大地主です。家族構成と課税資産総額は、次のようになっています。

- 長男Dさん（65歳）
- 母（90歳）
- 長女（63歳）
- 次男（60歳）
- 課税資産総額約15億円

図表4-10‖Dさんが売却を検討したアパート<対策実行前>

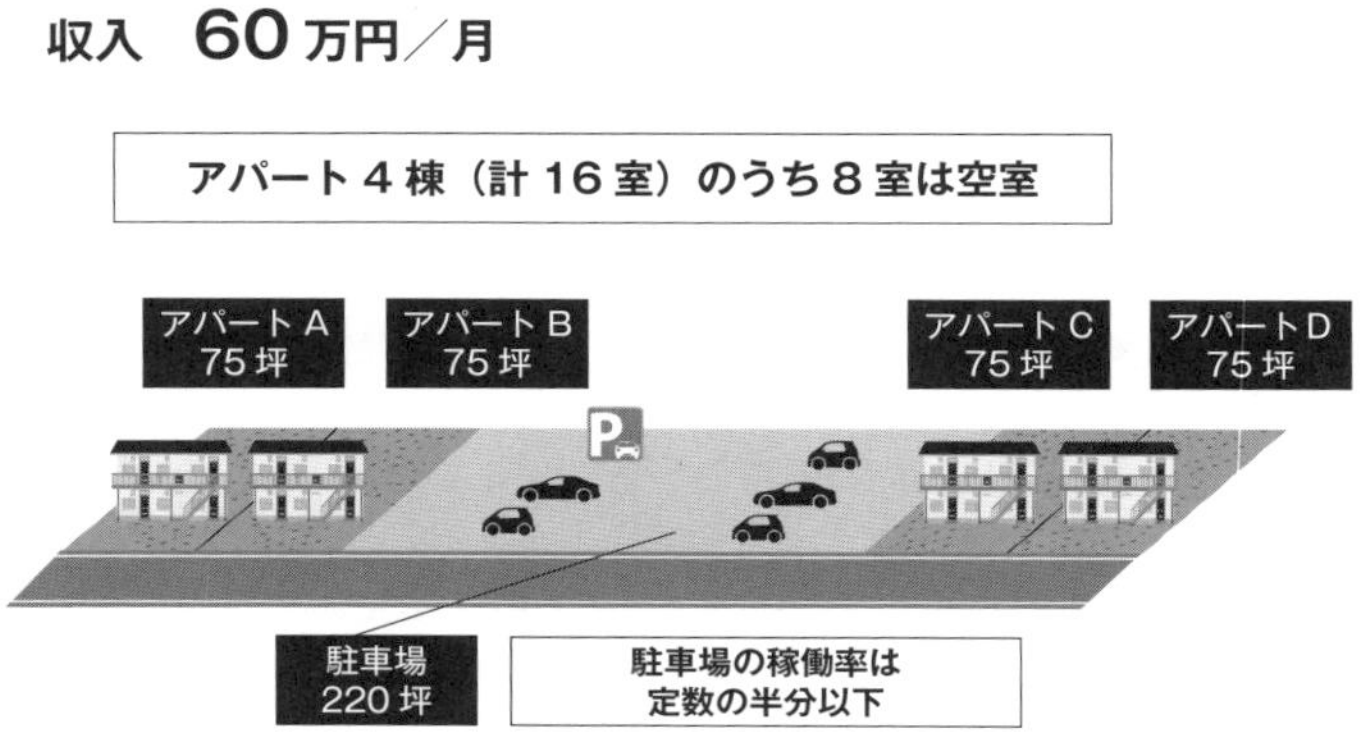

収入　**60**万円／月

アパート４棟（計16室）のうち８室は空室

アパートＡ 75坪
アパートＢ 75坪
アパートＣ 75坪
アパートＤ 75坪
駐車場 220坪

駐車場の稼働率は定数の半分以下

２００８年に父親の相続が発生した際に、納税資金の確保に苦労した経験があり、顧問税理士と二次相続対策に取り組んでいました。そんななか、２００９年に私が開催した相続対策セミナーに参加したことをきっかけに相談を受けるようになりました。

当初はセカンドオピニオンとして相談に乗っていましたが、次第に顧問税理士さんとも連携しながら相続に関するアドバイスをするようになり、10年近い付き合いが続いており、Dさんはすでに母に関する相続対策についてもほぼ実施済みです。

しかし、Dさんには悩みがありました。もともと空室が多く敷地の利用効率も悪い築30年の４棟のアパートで入居者の退去が続き、半分が空きの状態となってしまったため、思い切って売却したほうがいいのだろうかと考えていたのです。そこで以前から相談に乗っていた私たちに連絡がありました。

Dさんはアパートの立地がよくないことは認識していたものの、借り入れもなかったのでこれまではあまり問題視はしていませんでしたが、空室が増えてきたことで将来的な不安が募るようになっていたのです。また、ちょうどリーマン・ショック後の不況時に父の相続が発生しましたが、当時近くの駐車場を納税用に売却することを検討したものの、なかなか売れなかったことも不安を増長させる要因となっていました。

Dさんが問題にしている土地（520坪）には、計300坪の敷地にそれぞれ4室あるアパートが4棟建っており、16室中8室が空室になっていました。そのほかに、20台以上を駐車できる220坪の駐車場（アパート入居者兼用）がありましたが、半分以上が空きになっています（図表4-10）。

Dさんの悩みは、収益物件として売却すると土地の面積のわりに1カ月あたりの収入が60万円と少ないため、更地で売却する価格より格段に安くなってしまうことでした。また、土地として売却するとなると、入居者に立ち退きを求めなければなりません。入居者との良好な関係を続けているDさんは、無理な立ち退きはしたくないとも考えていました。

私たちは、Dさんの土地の将来性について、「駅から徒歩約30分という不便な立地で面積

図表4-11‖Dさんが売却を検討したアパート＜対策実行後＞

収入　60万円／月＋土地の売却代金1億3,200万円

**アパートC、Dの居住者を
アパートA、Bの空室へ移動して稼働率100%に**

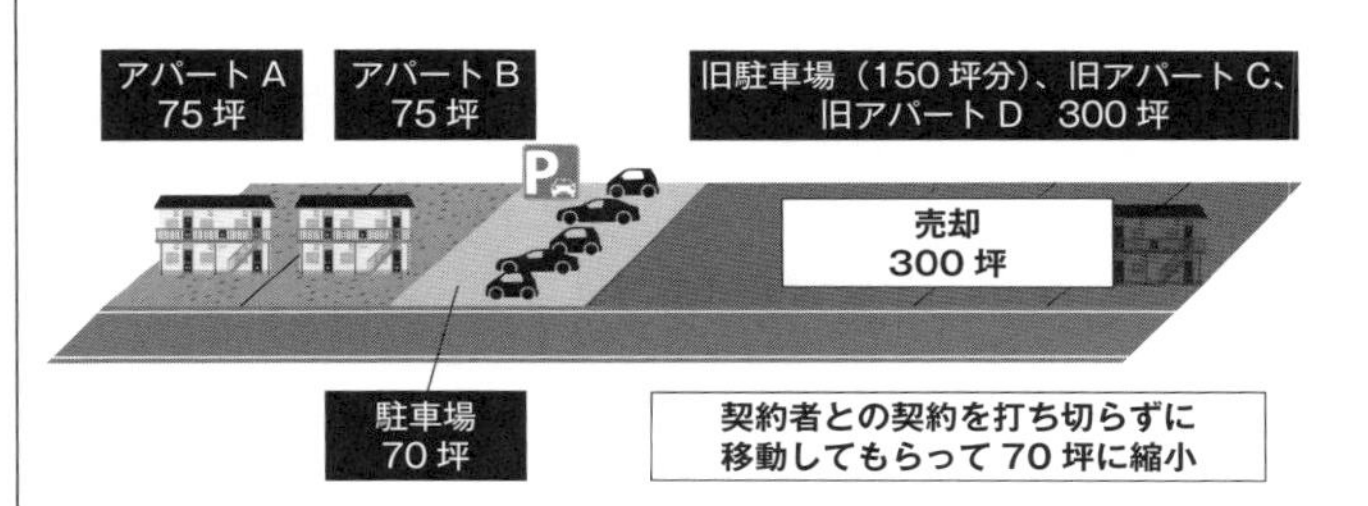

あたりの収益性が低い。周辺エリアは20年後に人口が約15%減、20歳~49歳人口にいたっては約35%減という人口推計となっていたため、将来的に資産価値の下落は免れない」と見ていました。

そこで不動産市況がいい時期に現在の収入を減らさずに**一部の土地の組み換え**を実行する提案を行いました。

まず実行したのは、アパートC・Dの賃借人である4世帯をアパートA・Bの空室へ移動させることで、アパートA・Bを満室にしました。これにより、アパートC、Dを売却しても入居している部屋数は8室と変わらないため、現状の収入の維持が可能になります。

同様に、半分以上の空きがあった駐車場でも契約者に場所を移動してもらうことで、契約台数はそのままで売却可能な土地を生み出したのです。これによりアパートと駐車場の契約者の一部に移動は必要になるものの、無理な立ち退きを行わずにすみます。しかもDさんの収入もまったく減らずに、余った土地（300坪）を売却できるようになったのです。

Dさんは入居者およびアパートと駐車場の管理会社とも関係が良好だったこともあり、部屋と駐車場の移動は引っ越し代負担＋1カ月家賃無料で比較的簡単に話をまとめることができました。

図表4-12‖入札の結果

30社へ打診

A社	1億3,200万円
B社	1億2,600万円
C社	1億1,700万円
D社	1億1,200万円
E社	1億200万円
……	
K社	9,000万円

そして、その管理会社とも協力しながら、買主側が建物解体をすることを条件に地元の有力な戸建て業者などによる入札を実施しました。約30社に打診したところ10社が参加し、9000万円〜1億3200万円の範囲で入札がありました（図表4-12）。その結果、最高額の1億3200万円で売却することに成功したのです。

低収益で、かつ小規模宅地の評価減効果も少なかった土地（300坪）の売却代金手残り約1億円で、都心ビルの不動産特定共同事業商品（弊社の不動産小口化商品：アドバンテージクラブ（NET利回り2・5％）を購入されました。これにより遺産分割対策と年間の税引き前収入が250万円アップを実現でき、さらに相続税も約2000万円減少しました。

Dさんは、私たちが実行したプランが完了したあとにこのようにいっていました。

「今となれば、こんな方法もあるんだなと簡単に考えてしまいますが、あなたたちのアドバイスがなければ、こんな方法は絶対に思いつきませんでした。ただ単純に土地を売ることしか考えていませんでしたから」

この事例からもわかるようにただ売却することだけを考えるのではなく、さまざまな工夫を凝らすことでその土地の可能性を広げ、土地活用の有効性を一変できるのです。

成功事例⑤不動産現金化による相続対策で将来の不安が解消できた！

父の死をきっかけに返済負担軽減のため生産緑地の売却へ

大きな農家の跡取りであるEさん（65歳）は投資が好きで、株式投資はもとより地方の不動産にも投資していました。しかし、どちらも状況は芳しくありませんでした。さらには知人に勧められた海外への数億円規模の投資も大失敗しており、土地を担保にしたその投資のための借入金が1億5000万円も残っていました。キャッシュフローは非常に厳しい状況で、まだ15年以上残っているその返済の負担がEさんの家計を圧迫しており、返済に苦労する状況が数年間続いています。

最近になって、農業を続けていた父親が亡くなり、相続（母親は父より先に他界）が発生しましたが、多くの生産緑地を含め財産のほとんどは祖父母の相続のときに一代飛ばして、Eさんが相続しており、相続対策も実行していたため、親の相続時は大きな問題はありませんでした。

Eさんの資産状況は、以下のとおりです。

・課税資産総額6億円（借入金4億円［控除後］）
・自宅（千葉市区部）
・生産緑地　1200坪
・賃貸不動産　5棟（賃貸マンション、賃貸店舗、古アパート、地方のアパート2棟）

代々受け継いできた畑を守ってきた父が亡くなったことをきっかけに、地方の不動産だけでなく生産緑地の売却も視野に入れて、何とか今の苦しい状況を立て直したいと考えたEさんは、私たちのもとに相談に訪れました。

Eさんは、不動産の売却で借金を返済して、キャッシュフローの改善を行うとともに、自身に相続が発生したときに残った妻や娘が困らないように、財産構成の見直しを含めた相続対策をしたいとのことでした。

Eさんには、妻（62歳）と未婚の長女（35歳）がいます。

私たちがEさんの現状と問題点を分析したところ、課税資産は総額約6億円（資産10億円、借入金4億円）で、一次相続と二次相続の合計で相続税は約1億9000万円になることがわかりました。ただし、借入金が減少すれば、それにともない将来の相続税負担が大幅に増えていき、15年後には相続税が約4億円になることは考慮すべき点でした。

Eさんのキャッシュフローが悪化している主因は、海外投資の失敗による借入金の返済負担です。返済額は年1000万円を超えており、大きな負担になっています。

地方のアパート2棟は収入と借入返済がトントンで修繕費などが発生すると赤字になる〝負動産〟状態です。その他の賃貸不動産も老朽化が進んでおり、自宅近くにある築30年のアパートは過去に孤独死が発生したこともあり、半分以上が空室になっています。築20年のマンションは新築当時より家賃が20％近く下落しましたが、稼働率が高いため当面は負動産になる心配はなさそうですが、今後さらに家賃が下落すれば、返済負担が重くなるかもしれません。なお、このマンションは築20年を経過しているにもかかわらず大規模修繕を実施しておらず、今後、大規模修繕を実施すると大きな支出が発生します。

Eさんは持病があり、入院したこともあるなど自らの健康状態に不安を持っています。もし自分に万が一のことがあって相続が発生すると、妻や娘が農地（生産緑地）を維持できないだけでなく、その他の不動産の維持管理も困難だと考えています。

こうした状況のなかで、相談を受けた私たちはよりベターな解決策を見出すべく、検討を開始しました。その結果、次のように課題を解決していくことで、Eさんの悩みを解消して

図表4-13 ‖ 法人に建物を移転し長女が納税資金を貯める

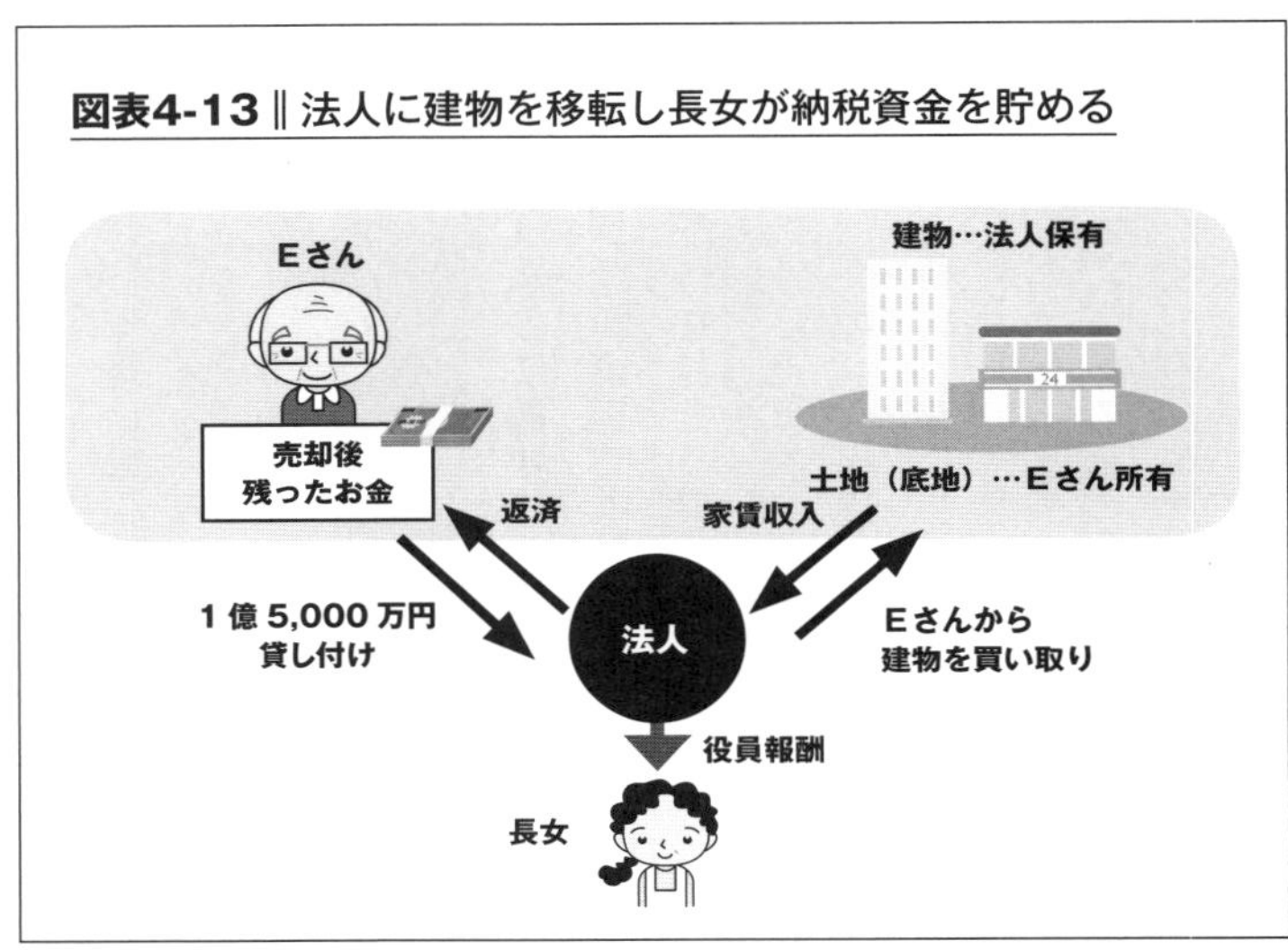

いくことにしました。

・借入返済によるキャッシュフローの改善と不良資産の整理
・法人に収入を集中させて、法人と長女でEさんの相続時の納税資金を貯める仕組みをつくる
・法人の株は、大半を長女に贈与する
・父の遺志を尊重して、生産緑地は3分の1（400坪）を残し、当面はEさんが維持する

このような方針のもと、生産緑地の3分の2（800坪）は、Eさんの病気（故障）を理由に一部解除して売却しました。収益性が悪い地方のアパート2棟および古ア

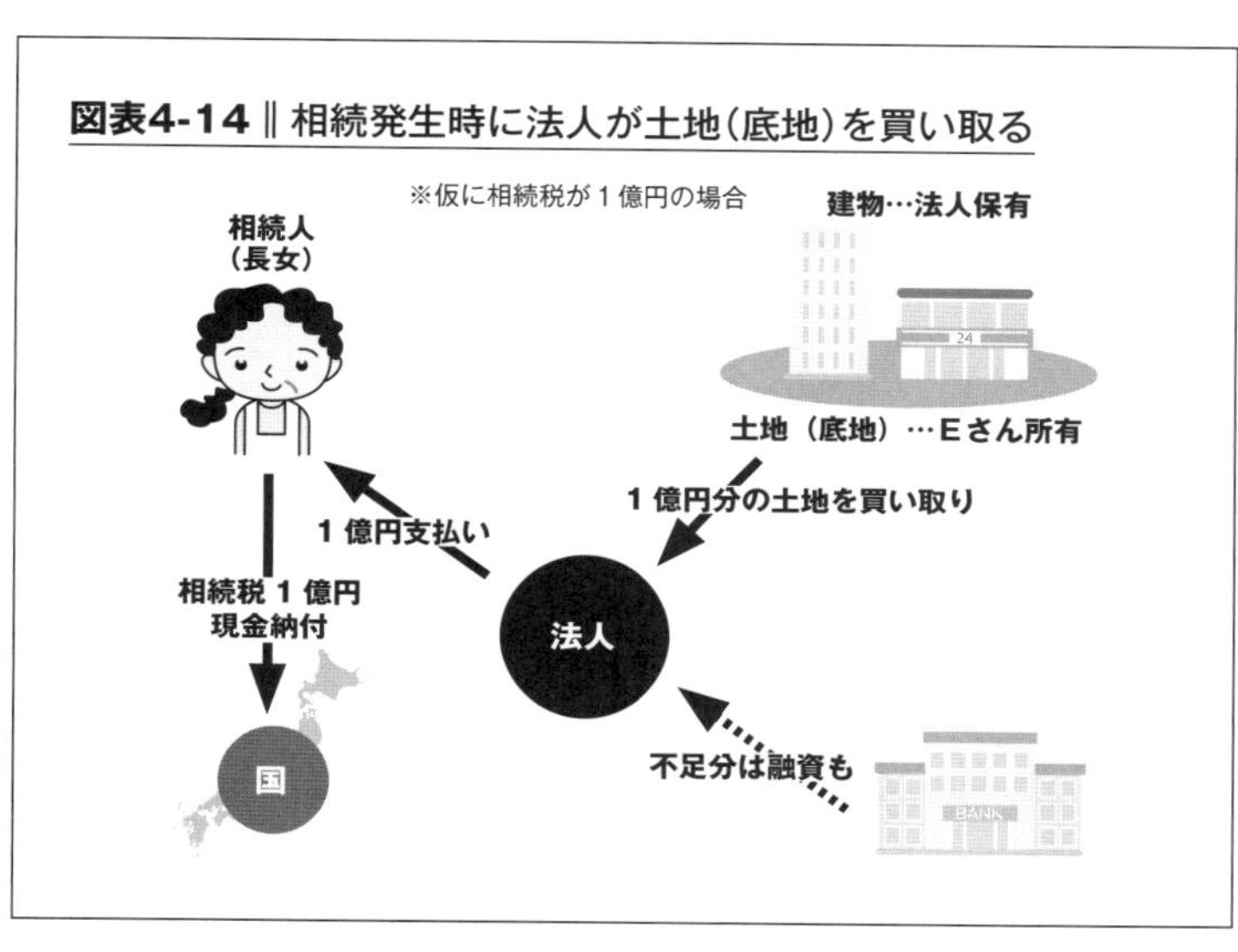

パート1棟も売却し、これらの売却代金約6億6000万円で、借入金の4億円を返済しました。

残った売却代金のうち1億5000万円をEさんが法人に貸し付け、法人は賃貸不動産（マンションおよび貸店舗）の建物をEさんより買い取ることにしました。法人の役員になっている長女が役員報酬を相続税の納税資金として貯めるだけでなく（図表4－13）、法人を高収益体質にして法人にもお金を貯め、将来Eさんの相続が発生した際には、法人が相続財産の土地（法人が建物を所有している土地（底地の一部））を購入できるようにしました（図表4－14）。また、法人の株式の大半を議決権がない種類株にして娘に贈与したほか、法人でEさんの生命保険に加入するなどの相続対策も実施しました。

実は、生産緑地の売却を検討している時期に、金融機関から生産緑地を解除して、サービス付き高齢者向け住宅（サ高住）を建てれば、相続対策にもなると提案を受けていました。その提案は7億円の借り入れを行ってサ高住を建築するというものでした。元来、不動産投資好きのEさんはその提案を受けるべきか悩みましたが、妻の次の言葉でその提案を断りました。

「せっかく借金がなくなって安心できると思ったのに、また多額の借金を負うつもりですか」

娘も同様の意見だったことで、Eさんは私たちのプランを実行することに決めました。

２０２２年を待って、残した生産緑地（４００坪）をどうするか再度検討することにしていましたが、「生産緑地法」の改正（特定生産緑地制度の創設）と「都市農地の貸借の円滑化法」の施行により、仮に生産緑地を他人に貸しても納税猶予が受けられるようになったことで、「農地を残したい」という父親の遺志を継ぎ、一部は体験農園として生産緑地を維持して納税猶予を受ける選択肢も出てきました。

なお、「生産緑地法」の改正（特定生産緑地制度の創設）と「都市農地の貸借の円滑化法」については第5章で詳しく説明します。

成功事例⑥好市況下で実現した旧耐震マンションの一括売却・現金化で幸せな暮らしを実現！

旧耐震マンション所有の悩みとご近所トラブルを同時に解決！

Ｆさん（45歳）との出会いは10年前に私たちが開催したセミナーでした。それからお付き合いが始まり、たびたび相続対策やキャッシュフローの改善に関する相談などを受けていました。

具体的には、Ｆさんの課題となっていた親族との土地の共有問題の解消や底地（借地人に貸している土地）の売却による借入返済、賃貸アパートの空室対策の実施など、さまざまな対策実行をお手伝いしてきました。

10年間のお付き合いを続けるなかで、Ｆさんの父母はともに亡くなりましたが、遺産分割で問題が起こることはなく、相続税も現金で支払えたので大きな問題はありませんでした。

Ｆさんは、祖父の代（１９８０年ごろ）に都心の一等地の自宅敷地をディベロッパーとの等価交換によって取得した区分所有マンション13戸（自宅＋賃貸用のファミリータイプ12戸）を所有していました。

最終的にFさんが、一等地の区分マンション13戸（自宅＋賃貸用12戸）を相続した時点で、築30年以上経過しており、入退去時のリフォームや設備交換費用の負担はかなり大きくなっていましたが、都心の一等地にあるため、それなりの収入は維持できていました。

ところが、相続した自宅を含めた築37年（旧耐震基準）の区分マンション13戸の管理について、以前から別の大きな悩みを抱えていました。Fさんは元地主としての複数台の駐車場専有使用権を付与されていました。しかし、この既得権について、マンション管理組合との紛争が続いていたのです。

父の存命中から弁護士が入っての争いとなっており、理事会から管理規約変更も含めて、強硬で理不尽な返還要求をされていました。

同じマンションに住む人との紛争は、かなりの精神的苦痛がともなうことは想像に難くありません。両親が高齢になってからはFさんが弁護士の力も借りながら対応していましたが、大きな精神的負担によって、日常生活に支障が出るまでになっていました。

そこで私たちは新しい弁護士を紹介し、理事会との対応のすべてを弁護士に委託して、Fさんが交渉の矢面に立たないようにアドバイスしました。結果的に既得権を守れたものの、日常生活を送るなかで、どうしても争った人たちと顔を合わせることもあり、心理的なストレスはなくなりません。

また、旧耐震マンションですから耐震補強工事と配管の取り換えなどで管理組合の積立金が底をつき、借り入れも発生している状況でした。管理組合からの追加負担の要望もあり、将来的な不安は大きくなっていました。さらに賃貸している部屋は入居者が入れ替わった際に数百万円のリフォーム費用がかかり、今後も設備交換やリフォーム費に多額の支払いが発生することを考えると、それも大きな不安材料でした。

Fさんは、何よりも心理的なストレスから逃れるために、眺望の良いタワーマンションへの住み替えの検討をしていました。当時も都心部の好立地マンションの価格は高騰しており、旧耐震のマンションでも高値で売却できる市況でした。そこで私たちは全13戸の区分マンションの売却方法として、3通りの方法を提示しました。

①賃貸が空室になるたびに、中古マンションとして売却していく

②賃貸中の部屋はオーナーチェンジ物件として、1部屋ずつ売却する（①との併用もあり）

③入札により、マンションの買取業者に13戸を一括で売却する

それぞれの方法のメリット・デメリットを理解してもらったうえで、時間的なメリットと手間を考慮のうえ、Fさんは③を選択しました。旧耐震のマンションでかつ修繕積立金不足の問題もあることから、市況が崩れると売却先を見つけるのに苦労することが予想されたからです。私たちもまたとない好機と見ており、当時の市況であれば入札による一括売却でも3・5億円程度での売却は可能と判断していました。

そして、20社以上が参加した入札の結果、4億1000万円で売却できたのです。

Fさんは売却代金で新たな自宅としてタワーマンションを購入しました。私たちは、残ったお金を海外のプライベートバンクで安定的に運用を行うことを提案しました。Fさんはご主人とともに海外に駐在した経験もあり、将来的には海外移住も視野に入れているなど、海外での運用に抵抗はありませんでした。結局、約2億円を海外のプライベートバンクで運用し、残りは現金と国内の金融資産で運用しています。ご主人の定年後に時機を見て不動産に組み換えることも視野に入れているそうです。

成功事例⑦入札と信託受益権売買で収益不動産の高値売却に成功！

負動産予備軍でも好況下なら高値で売却できる可能性がある！

東京都の千葉県に近い城東エリアの地主であるGさんは、妻（60歳）、長女（35歳）、長男（33歳）の4人家族です。

Gさんは、駐車場（１００坪）と、幹線道路沿いにある規模の大きな築25年の賃貸マンション（1階に紳士服チェーン店、2階から上がファミリータイプの住戸50戸、駅徒歩12分）を所有していましたが、特に賃貸マンションは住宅部分の50戸中13戸が空室というひどい状況で築20年後あたりから赤字が続いていました。

賃貸マンションは、地元の建築会社で施工し、建物の管理と入居者の募集はその建築会社の不動産部門が行っていました。築12年の時点で大規模修繕工事と設備交換を行い、数年前には専有部分のリニューアル工事やインターフォンなどの設備交換を行っています。過去10

年にわたって年平均約１０００万円の修繕費をかけたこともあり、建物の外観や設備のメンテナンスには問題ありませんでした。

しかし、エントランス付近や階段などの共用部分やゴミ置き場周辺は清掃や管理が行き届いているとはいえない状態でした。そして、それ以上に問題だったのは、管理会社の入居者を募集する力が弱いことでした。

建築会社が管理する場合によくあるのが、本業である建物のメンテナンスには一生懸命に取り組む一方で、入居者募集にはメンテナンスほど力を入れていないケースです。

私たちはGさんからの相談を受け、まず募集力と管理力のある賃貸管理会社に変更しました。家賃を含めた募集条件の見直しはもちろんのこと、空室対策を本格的に行ったことで、約６カ月をかけて空室を解消することができました。

同時に収益改善を目指して次の対策を実施しました。

◆キャッシュフローの黒字化を目指して実行した対策

- **管理会社変更（空室対策と管理コスト削減）**
- **火災保険の見直しなど支出の削減**
- **駐車場売却による借入金（６億円）の一部（１億円）返済と借り換え（期間15年）による**

返済負担の軽減

・値下げ要求のあった紳士服チェーン店との更新契約交渉を支援し、現状家賃での5年の更新契約を締結

これらの対策を実行したことで、Gさんの年間の税引き後のキャッシュフローは、100万円程度の赤字から1000万円の黒字へと劇的に改善しました。Gさんの大きな悩みのひとつであった「キャッシュフローの黒字化」は達成しましたが、もうひとつ大きな心配が残っていました。

◆Gさんの築25年の賃貸マンションに関する悩み

・1階テナントの撤退リスク（20年の期間満了時に撤退の話もあり、家賃を下げている）

・将来的な維持費用（継続的に発生するエアコンや給湯器の交換や大規模修繕）の負担

・古くからの入居者が入れ替わることによる収入減と人口減少による空室の再増加と家賃下落

・財産は自宅と大きなマンションのみのため、相続発生時に子どもたちへの遺産分割方法

私たちはGさんの要望に沿って、将来の人口減少を前提に、「家賃の下落率が10％～20％」

図表4-15‖信託受益権売買のメリット・デメリット

【メリット】
不動産取得税・登録免許税のコスト（移転コスト）が安くなる、など

	不動産（通常）	信託受益権
不動産取得税	土地：固定資産税評価額×1/2×3% 建物：固定資産税評価額×3%	非課税
登録免許税	土地：固定資産税評価額×1.5% 建物：固定資産税評価額×2%	変更登記 1,000円／件

※事例⑦のケースでは約3,000万円のコストが安くなるため、買主はその分、現物売買より3,000万円高く買えるとのことであった。

【デメリット】
信託設定にともない、エンジニアリング・レポートの取得（費用発生）と、同レポートの指摘事項の是正を売主が信託銀行から求められる、信託設定時の登録免許税（固定資産税評価額に対して）土地（0.3%）・建物（0.4%）が必要、など

「マンション空室率10%」として、借り入れが終わる15年後までの大規模修繕などの費用負担も加えた予測シミュレーションをしました。

私たちの試算ではその時点でも収益不動産の市況が良かったので、査定価格は14億円～15億円と算定できました。下限の14億円（表面利回り約7・5%）以上で売却して借り入れを返済し、手残り金で遺産分割しやすい都心部の不動産（ネット利回り3%）に組み換えたとしても、今後15年間の累計キャッシュフローは現状より良くなるとの結果が出ました。

Gさんの賃貸マンションは好立地とはいえないため、数年前ならとても14億円で売却することなどできませんでした。しかし、相談

当時の首都圏の不動産市況は、価格上昇の波が郊外にも波及していたため、私たちは「14億円超の価格で売却できる可能性がある」と判断し、Gさんに売却して現金化することを勧めたのです。

最終的にGさんは売却を決断しました。10社超による入札の結果、上位2社は15億円を超える価格を提示。最終的には不動産信託受益権（土地・建物などの不動産を信託して、その不動産から得られる賃料収入や売却益などの利益を受けられる権利のこと）売買が取引条件でしたが、価格、引き渡し条件などが最も良かったX社に、想定を上回る16億円（表面利回り約6・5％）で売却できたのです。

第5章

都市農家が絶対に知っておくべき税制と法制度の新常識

都市農家を取り巻く法制度は大きく変わった

都市農地は「宅地化すべきもの」から「守るもの」へ

前著の出版時点（2016年9月）では、まだメディアでも「生産緑地2022年問題」はほとんど取り上げられておらず、絶好のタイミングで問題提起ができたと自負しています。しかし水面下では、私が指摘していた「宅地供給増加」への対応（法整備など）は進んでいたようです。

2016年5月に閣議決定された「都市農業振興基本計画」で、都市農地は従来の「宅地化すべきもの」から「守るべきもの」へと位置付けが大転換されました。それにともない、2016年から2018年にかけて都市農家（地主）の相続対策、そして「生産緑地2022年問題」に大きな影響を与えるいくつかの法律（新制度の創設）や税制の改正が立て続けに行われました。時系列に整理すると図表5-1のようになっています。以降では、主な変更点について説明していきます。

図表5-1 ‖ 都市農地の保全等に関する制度改正

日付	制度改正の内容
2016年5月13日	「都市農業振興基本計画」閣議決定
2017年6月15日	「生産緑地法の一部改正（都市緑地法等の一部を改正する法律）」施行
2017年12月14日	平成30年度税制改正大綱において「農地等に係る相続税・贈与税の納税猶予制度」などの見直しを公表
2018年4月1日	「特定生産緑地制度」（施行） 「田園居住地域」（施行）
2018年9月1日	「都市農地の貸借の円滑化に関する法律」施行
2018年11月16日	「農業経営基盤強化促進法の改正」施行 「農地法の一部改正」施行

「生産緑地地区制度」をおさらいする

では、2017年から2018年にかけての変更点について説明する前に、法改正前の「生産緑地地区制度（以下、生産緑地制度）」について簡単におさらいしておきましょう。

生産緑地制度とは、東京23区、首都圏・近畿圏・中部圏内の政令指定都市、首都圏整備法・近畿圏整備法・中部圏開発整備法に規定する一定の区域内（中部圏の場合は都市整備区域内）にある市街化区域内において緑地や防災上の空地などの役割を持っている農地を保全し、良好な都市環境の形成を目的として「生産緑地地区（以下、生産緑地）」を指定する制度です。

土地の所有者が生産緑地の指定を受ける

際は、次に挙げる4つの要件を満たしたうえで管轄自治体の審査を受けます。

◆生産緑地であることの指定要件

①良好な生活環境の確保に相当の効果があり、公共施設等の敷地に供する用地として適しているもの

②500㎡以上の面積

③農業の継続が可能な条件を備えているもの

④当該農地の所有者その他の関係権利者が同意していること

生産緑地に指定されると、以下のような義務が発生します。

①農地として適正に管理・保存しなければならない

②標識を設置

③農地所有者は30年間の営農継続の義務

④建物の建築、土地の造成、形質変更の行為の制限

このように制限が課されるため、一般的に、「売れない、建てられない、貸せない土地」ともいわれるのです。

一方で固定資産税が非常に安くなるメリットがあります。東京郊外で地価が1坪約100万円のエリアで、隣り合った一般の住宅地と生産緑地で固定資産税を試算してみます。住宅の土地30坪の固定資産税（都市計画税も含みますが、ここではわかりやすくするために、以下、「固定資産税」とします）は、1坪あたり2000円弱程度で、固定資産税は約6万円です。

一方、その隣にある生産緑地の固定資産税は、1反（300坪）で約1800円です。1坪あたり約6円ですから、住宅地と比べて300分の1以下と大きく軽減されます。

税制上の特例制度である「相続税の納税猶予制度」を使えば、納税猶予を受けられるため、「生産緑地に指定されると相続税が安くなる」ものと勘違いしている人もいますが、生産緑地でも**「相続税の納税猶予の特例」を受けなければ、相続税は宅地と同じように課税されます。**この特例については後述します。

生産緑地の指定を解除する「買取申出制度」とは？

生産緑地に指定されると、次のどれかに該当しなければ生産緑地の指定を解除できません。

①主たる従事者が死亡したとき
②主たる従事者が病気やケガで農業に従事できなくなったとき
③指定から30年を経過しているとき

①~③のいずれかに該当すると、生産緑地の所有者は市区町村長に対して生産緑地の「買取申出」ができます。

生産緑地は「売れない、建てられない、貸せない土地」といわれるように、市場における譲渡性に欠けるため、自治体に対して時価で買取申出をできる制度ですが、実際に市町村が買い取るケースはほとんどありません。「買取申出」とはいうものの、生産緑地を解除するための手続きと捉えるほうが実態に即しています。

買取申出に対し、自治体は特別の事情がないかぎり、その生産緑地を時価で買い取るものとし、買い取らない場合は1カ月以内に「買い取らない旨の通知」をして、その後2カ月間、農業従事者などへの斡旋に努めなければならないとなっています。

ちなみに、時価といっても明確な基準はないため、一般的には当該市街化区域にある農地や宅地見込み地の取引価格、公示価格を勘案しながら、不動産鑑定士などによって公正な鑑

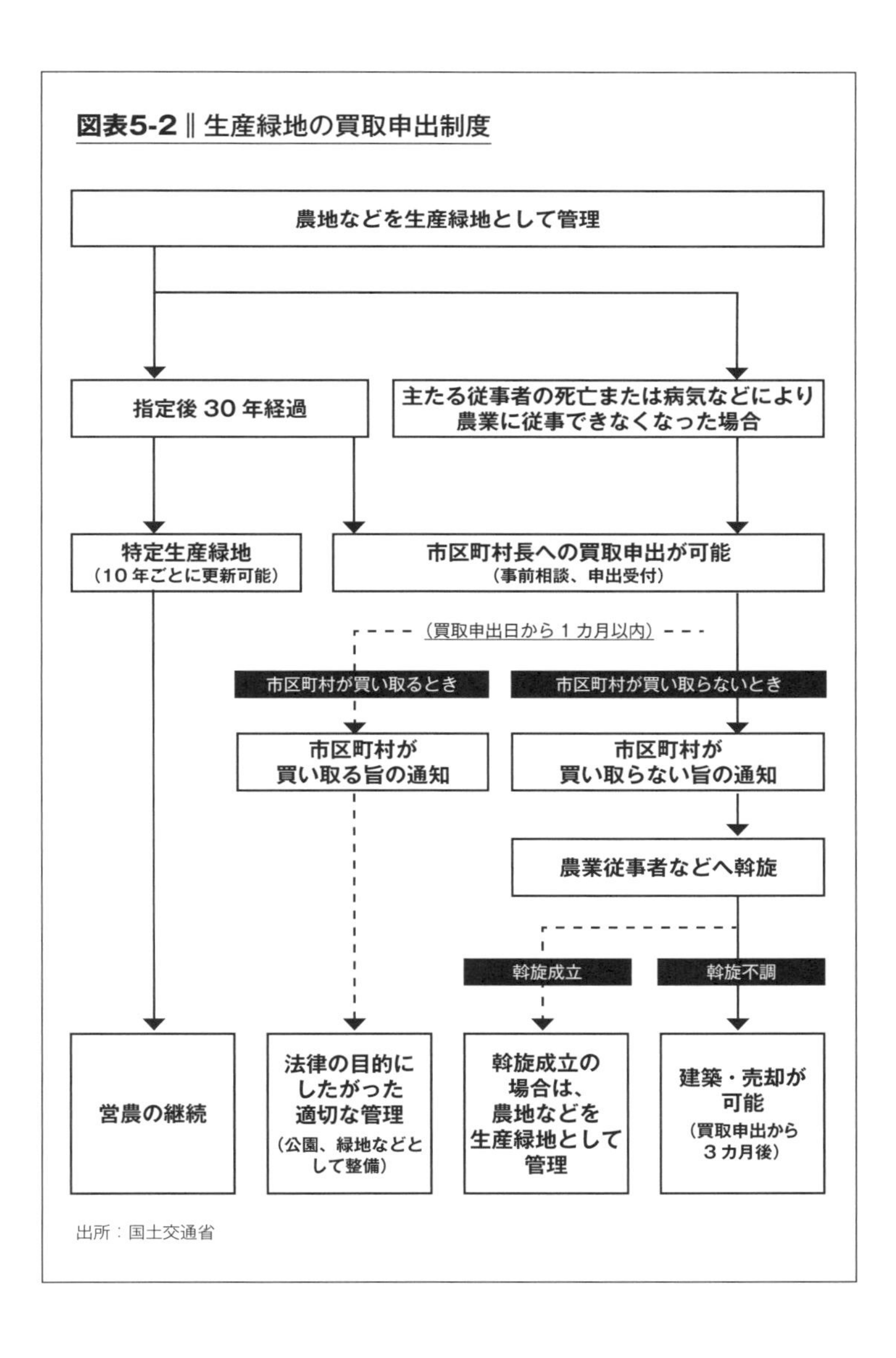
図表5-2 ‖ 生産緑地の買取申出制度
農地などを生産緑地として管理
指定後 30 年経過
主たる従事者の死亡または病気などにより
農業に従事できなくなった場合
特定生産緑地
（10 年ごとに更新可能）
市区町村長への買取申出が可能
（事前相談、申出受付）
（買取申出日から 1 カ月以内）
市区町村が買い取るとき
市区町村が買い取らないとき
市区町村が
買い取る旨の通知
市区町村が
買い取らない旨の通知
農業従事者などへ斡旋
斡旋成立
斡旋不調
営農の継続
法律の目的に
したがった
適切な管理
（公園、緑地などと
して整備）
斡旋成立の
場合は、
農地などを
生産緑地として
管理
建築・売却が
可能
（買取申出から
3 カ月後）
出所：国土交通省

定・評価をすることで価格を決定します。

まれに購入希望者は見つかりますが、自治体の斡旋が成立することは多くありません。斡旋が不調に終わると、申出日から3カ月後に生産緑地地区内の制限が解除されます。

生産緑地の解除と相続税の申告・納税スケジュール

では、実際に生産緑地を所有している人に相続が発生した場合の相続税の申告、納税までのスケジュールについて見ていきましょう。

相続の申告および納税スケジュールは、図表5-3のようになります。

まず**相続税の申告と納税は、被相続人の死亡を知った日の翌日から10カ月以内に行うことになっています。**たとえば、1月6日に死亡した場合には、その年の11月6日が申告期限です。

通常、被相続人の死亡と同時に相続が開始され、3カ月以内に相続放棄または限定承認を申述しなければ単純承認したことになります。なお、被相続人が亡くなった日までの所得税の申告と納付（準確定申告）は、死亡を知った日の翌日から4カ月以内に行わなければいけません。

10カ月間に多くの手続きをこなす必要があるので、多くの人は大変な思いをします。相続人の財産に生産緑地があり、相続税納税のために生産緑地を一部または全部解除して相続税の納税をしなければならない場合は、生産緑地や納税猶予制度など農家の相続に慣れた税理士や私たちのように生産緑地の相続に関する不動産実務の経験豊富なアドバイザーなしに、申告期限の10カ月以内にすべての手続きと相続税の納税を間に合わせるのはほぼ不可能です。

遺言書があればとりあえず遺産分割はできますが、「遺産分割協議」をまとめるのも大変です。それに加えて相続財産に生産緑地が含まれている場合は、生産緑地を解除するだけでも4カ月近くかかるため、どれだけ迅速な対応をしても時間的余裕はありません。

遺言書がなく全体の遺産分割協議がまとまらない場合は、生産緑地部分だけでも一部分割協議をまとめたうえ（自治体によっては相続登記まで完了させたうえ）で「買取申出」を行う必要があります。生産緑地を売却して相続税の納税をしなければならない場合で、宅地造成などを前提とした開発行為が必要な場合は、**生産緑地の指定解除の手続きの開始から売却して現金化するまで、最低でも7カ月程度かかります。**すべての話し合いがうまくいって、効率的に手続きを進めても残る期間は3カ月しかありません。

生産緑地の買取申出には相続人全員の同意が必要ですから、遺産分割（代償金など）の事情を加味すると、どれだけの生産緑地を解除する必要があるかなどを何度もシミュレーションする必要も出てきます。

図表5-3‖買取申出から相続税の納付までは最低でも7カ月以上

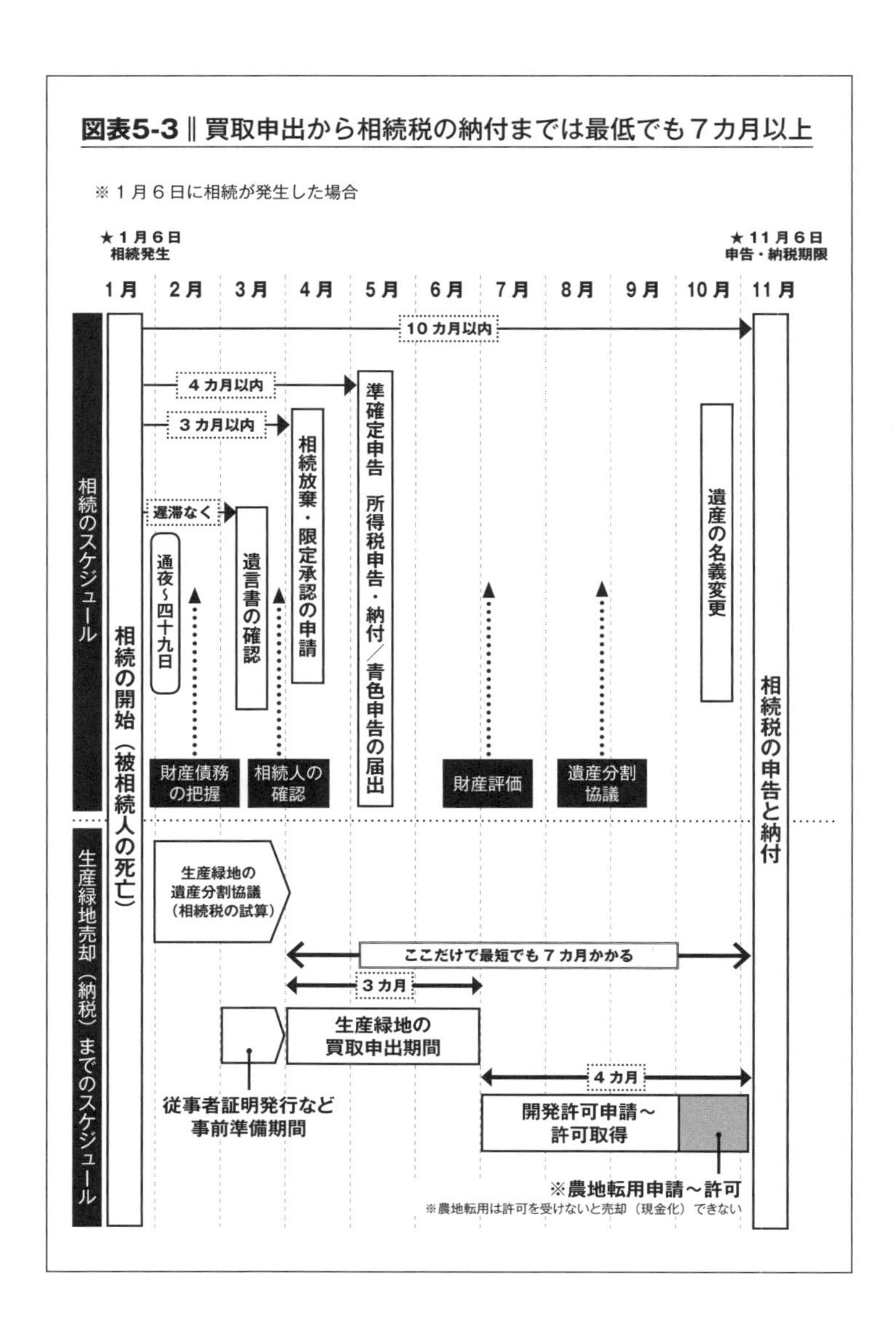

生産緑地を含む相続の経験が豊富な税理士や私たちのようなアドバイザーなしで、さまざまな手続きを相続開始から3カ月で行い、かつベストな遺産分割を行うのはほぼ不可能です。手続きだけでなく、土地売却の際に価格が最も高く、良い条件の買主を公正に見つけるのも簡単ではありませんから、生産緑地などを所有する都市農家で相続が発生した場合は、経験豊富で信頼できる相談相手を選ぶことは必要不可欠です。

生産緑地の「相続税の納税猶予制度」とは?

「生産緑地制度」は、すでに説明したように営農義務が課せられ、利用や売却に厳しい制限がある一方、固定資産税が大幅に安くなるメリットがあります。ただし、安くなるのは「固定資産税」だけで、「相続税」は宅地と同じように課税されます。

一方、「相続税の納税猶予」は、相続人が希望して要件を満たせば、相続発生時に生産緑地にかかる相続税(厳密には農業投資価格で算出された相続税との差額)が猶予される制度です。

この特例の適用を受けるか、受けないかで、同じ生産緑地でも「固定資産税だけが安い生産緑地」と「相続税の納税猶予も受けている生産緑地」の違いが出ます。「生産緑地制度」と「納税猶予制度」を比べると、図表5-4のように主に6つの点で違いがあります。

図表5-4‖「生産緑地制度」と「納税猶予制度」の違い

生産緑地制度		相続税の納税猶予制度
生産緑地法	①根拠となる法律	相続税法
国土交通省	②管轄する役所	財務省
土地の固定資産税と都市計画税の軽減	③減免される項目	要件を満たすことで猶予された相続税の免除
指定後30年後まで。または主たる従事者の死亡、故障するまで	④営農要件	死亡日まで
なし	⑤遡り課税	あり
なし	⑥書類の提出義務	亡くなるまで3年ごとに必ず相続税の納税猶予の届出書を提出

一見、「相続税の納税猶予」を使わない手はないように思えます。しかし、納税猶予制度の「④営農要件」は「死亡日まで」ですから、適用を受ければ終生営農することを受け入れることになります。ひとたび「相続税の納税猶予」の適用を受けると後戻りできないため、猶予された相続税および、猶予された期間の利子税、いわゆる「⑤遡り課税」を支払わないかぎり、農業をやめられなくなってしまうのです。

たとえば、15年前の2004年にAさんの父親が亡くなって相続が発生した際に、Aさんが生産緑地を相続して、相続税3億円の納税猶予を受けたとします。

しかしその後にAさんは不慮の事故で重い障害が残って農業に従事できなくなりま

した。安心して農地を貸せる人はおらず、妻も病気がちで農業はできません。子どももなく、営農条件を満たせなくなりました。そうなると納税猶予が打ち切られ、猶予されていた相続税にプラスして、相続税の申告期限の翌日から納税猶予期限までの期間に対する利子税、いわゆる「遡り課税」を納付しなければいけなくなります。

この場合、相続税3億円に納税猶予を受けていた15年分の利子税約7500万円がプラスされ、相続税と利子税の合計は約3億7500万円に膨れ上がります（2014年以降の利子税率は、0・7%～0・9%〔2019年は0・7%〕と低率ですが、2004年～2013年までは2・0%～2・3%でした）。

一方、「生産緑地制度」は、死亡したときだけでなく、病気や事故により農業を継続できないと認められた場合や指定から30年経てば、買取申出をして指定解除できるのはすでに述べたとおりです。指定解除によって当該の土地は宅地並み農地もしくは宅地として評価されるために固定資産税・都市計画税が高くはなりますが、「相続税の納税猶予制度」を使ったときのように、営農要件は厳しくありません。

死ぬまで農業を続けるつもりでも人生は何が起こるかわかりません。後継者がいることなどが確実でないと万が一のときに遡り課税を支払う可能性があるため、納税猶予制度は安易に使えないのです。この点については以降で詳しく説明します。

相続税の納税猶予制度には、もうひとつ注意しなければならないことがあります。

この制度の適用を受けると、**3年ごとに「継続適用の届出書」を提出する義務（⑥書類の提出義務）が課され、期限内に提出できないと提出期限の翌日に納税猶予が打ち切られて、「遡り課税」が課されてしまう**のです。

納税猶予を受けた生産緑地は、肥培管理（作物を栽培するとき、施肥・水やり・中耕・土寄せ・害虫の駆除などを総合的に管理すること）が求められ、「継続適用の届出書」を提出して営農していることを証明しなければいけません。「継続適用の届出書」を提出しなければ、営農しているとみなされないということです。

一方、納税猶予を受けなければ、書類提出の義務はなく、厳しいチェックも行われていないのが実情です。生産緑地の指定を解除した場合、もしくは生産緑地の指定から30年経過して特定生産緑地の指定を受けない場合は、翌年から宅地並み農地として段階的に固定資産税額はアップしていきますが、過去の固定資産税まで遡及して支払う必要はありません。

「生産緑地制度」と「生産緑地（農地）の納税猶予制度」の違いを理解しておかないと、生産緑地を相続するときに正しい判断ができないので要注意です。

新しく変わった「生産緑地制度」の概要

2017年6月の生産緑地法改正のポイント

ここからは、2017年6月に改正された生産緑地法の改正で具体的に何が変わったのかを説明していきます（詳しくは国土交通省都市局の「生産緑地法等の改正」を参照してください）。そのポイントは、大きく以下の4つです。

①特定生産緑地制度の創設
②生産緑地の面積要件の引き下げ
③生産緑地内の行為制限の緩和
④田園住居地域の創設

①特定生産緑地制度の創設

特定生産緑地制度は、2022年に生産緑地の所有者の多くが買取申出を行い、宅地が大量に供給される懸念があった、いわゆる「生産緑地2022年問題」を回避するために導入されたものといってもいいでしょう。

これにより、生産緑地の所有者などの意向をもとに市町村が当該生産緑地を「特定生産緑地」として指定できるようになりました。指定には「周辺地域の公園、緑地その他の公共空地の整備の状況と土地利用の状況」を考慮するとしています。「特定生産緑地」に指定されると土地の所有者が市町村に買取申出ができる時期は、「生産緑地地区の都市計画の告示日から30年経過後」から10年延期され、10年経過後は改めて所有者などの同意を得れば、繰り返し10年の延長ができるようになりました（図表5-5）。指定されている間は引き続き固定資産税の優遇を受けることができます。ただし、生産緑地に指定されて30年経過していなければ、特定生産緑地の指定を受けられません。

なお、特定生産緑地に指定しないと農地の固定資産税は宅地化農地（生産緑地に指定していない市街化区域の農地＝宅地並み課税）と同様の課税評価額になり（税負担の激変を緩和する5年間の負担調整措置あり）、新たに相続税の納税猶予制度が受けられなくなります。

生産緑地の所有者は、指定から30年を迎える前に、このあと説明するケーススタディーなどを参考に、さまざまな可能性を探りながら指定を解除するか、特定生産緑地へ移行するかを慎重に検討しましょう。

図表5-5 ‖ 特定生産緑地制度

・生産緑地の所有者の意向をもとに、市町村は当該生産緑地を特定生産緑地として指定できる
・指定された場合、市町村に買取申出ができる時期は、「生産緑地地区の都市計画の告示日から30年経過後」から、10年延期される。10年経過後は、改めて所有者などの同意を得て、繰り返し10年の延長ができる。

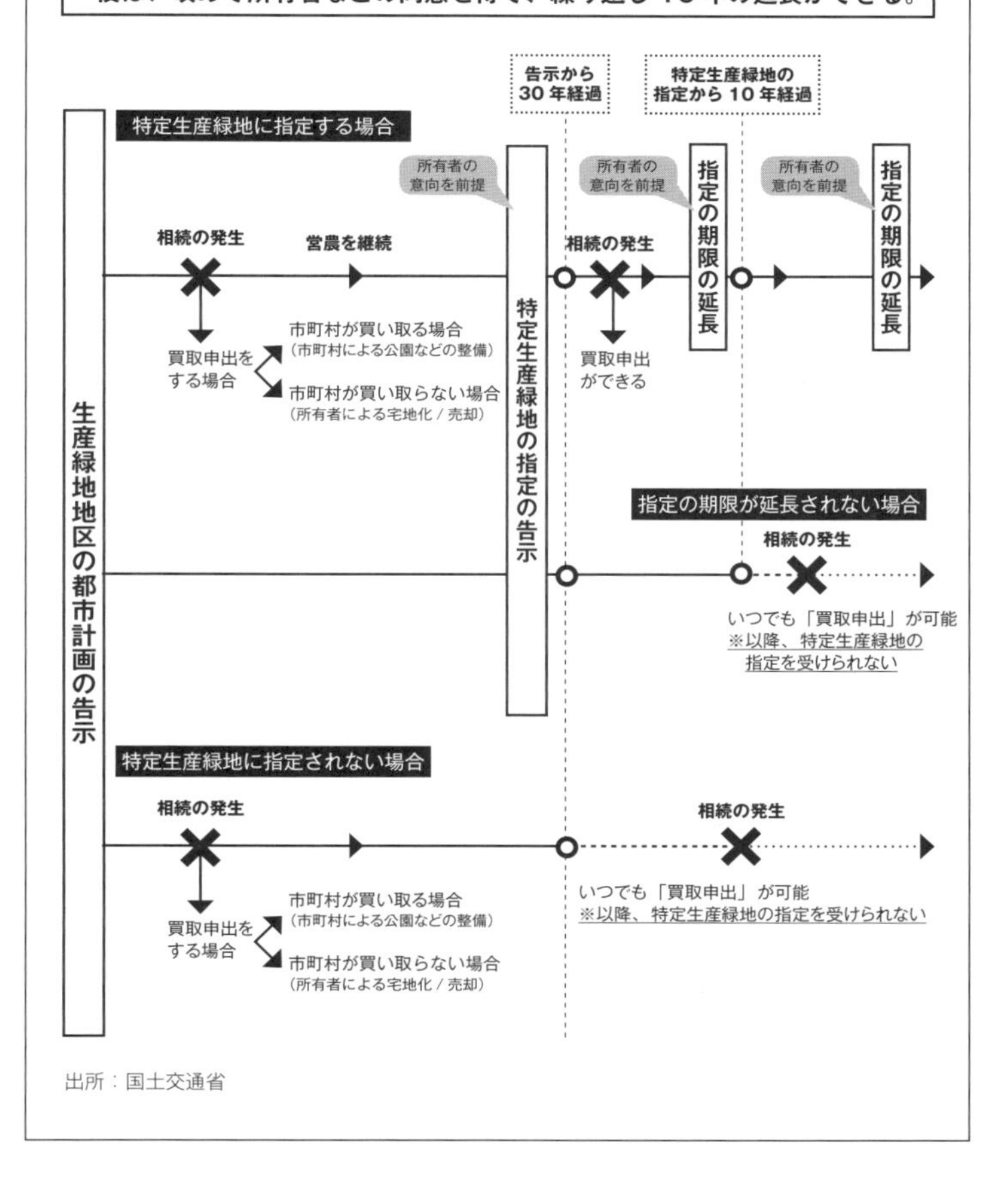

出所：国土交通省

新しく創設された特定生産緑地への移行（指定申請受付）に向け、各自治体は締め切り間際の申請の集中や周知不足による申請漏れが発生しないように、すでに受付を開始するなど早めに動き出しています。自治体は早い段階から動き出していますが、都市農家の立場からすれば、２０１９年３月時点では、**まだ時間はあるので焦る必要はありません。**むしろ拙速な判断をしないように、この機会に特定生産緑地に関する理解を深めるとともに、本書の第５章、第６章も参考にしていただきながら、**「将来的な農地維持の計画づくり」**を行ってほしいと思います。

各自治体ごとの受付締切日をすべて把握していませんが、指定から30年を経過する前（多くは２０２２年）までには指定を受ける必要があります。時間があると思って油断して指定から30年を過ぎてしまうと、特定生産緑地に指定できなくなるので注意が必要です。参考までに東京都狛江市の「特定生産緑地指定手続き」のスケジュールを見てみましょう（図表５－６）。

狛江市では、申請書類の第１回目の受付は２０１９年８月までで、２０２０年８月ごろまでに都市計画審議会にかけ、指定の告示を同年９月までに行う予定です。国が示したガイドラインでは、２０２０年８月の受付で都市計画審議会が２０２１年８月ごろ、指定の告示が２０２１年９月までとなっているので、かなり余裕を持たせた日程ですので、まだじっくりと**「将来的な農地維持の計画づくり」**ができます。

特定生産緑地の指定手続きについては各自治体で対応が異なりますので、各自治体に問い合わせましょう。

図表5-6‖狛江市の特定生産緑地指定手続きのスケジュール

	第1回目	第2回目 (国が示した目安)
申請書類受付	2019年8月まで	2020年8月まで
都市計画審議会	2020年8月ごろ	2021年8月ごろ
指定の告示	2020年9月まで	2021年9月まで

②生産緑地の面積要件の緩和

従来の生産緑地制度では一団で500㎡以上の区域とする規模要件が設けられていたため、要件を満たさない小規模な農地は、農地所有者に営農意思があっても、保全対象とされませんでした。

そこで面積要件を「500㎡以上」から「300㎡以上(条例で300㎡まで引き下げ可能)」に緩和することで生産緑地を減らさないように促しています。併せて、同一または隣接する街区内に複数の農地がある場合、一団の農地等とみなして指定可能になりました。

この法改正により、法改正前に生産緑地の指定対象外だった500㎡を下回る小規模な農地でも生産緑地として地域住民と交流しながら野菜の収穫体験を行うイベントを行えるようになりました。また、数筆で一団を組み500㎡の面積要件をクリアしていた生産緑地で、その一部を生産緑地の指定解除して一団の面積が500㎡以下になると指定解除の申請をしていない一団すべてが指定解除されてしまう、いわゆる「道連れ解除」（図表5-7）がされにくくなりました。

③生産緑地内の行為制限の緩和

改正前は生産緑地内に、「農業を営むために必要で、生活環境の悪化をもたらすおそれがないもの（以下の設置可能な施設）」に限定されていました。

◆改正前より設置可能だった施設

- ・生産または集荷施設（ビニールハウス、温室、育種苗施設、農産物の集荷施設など）
- ・生産資材の貯蔵または保管用の施設（農機具の収納施設、種苗貯蔵施設など）
- ・処理または貯蔵に必要な共同利用施設（共同で利用する選果場など）
- ・休憩施設その他（休憩所（市民農園利用者用を含む）、農作業講習施設など）

図表5-7‖生産緑地の「道連れ解除」とは？

<法改正前>

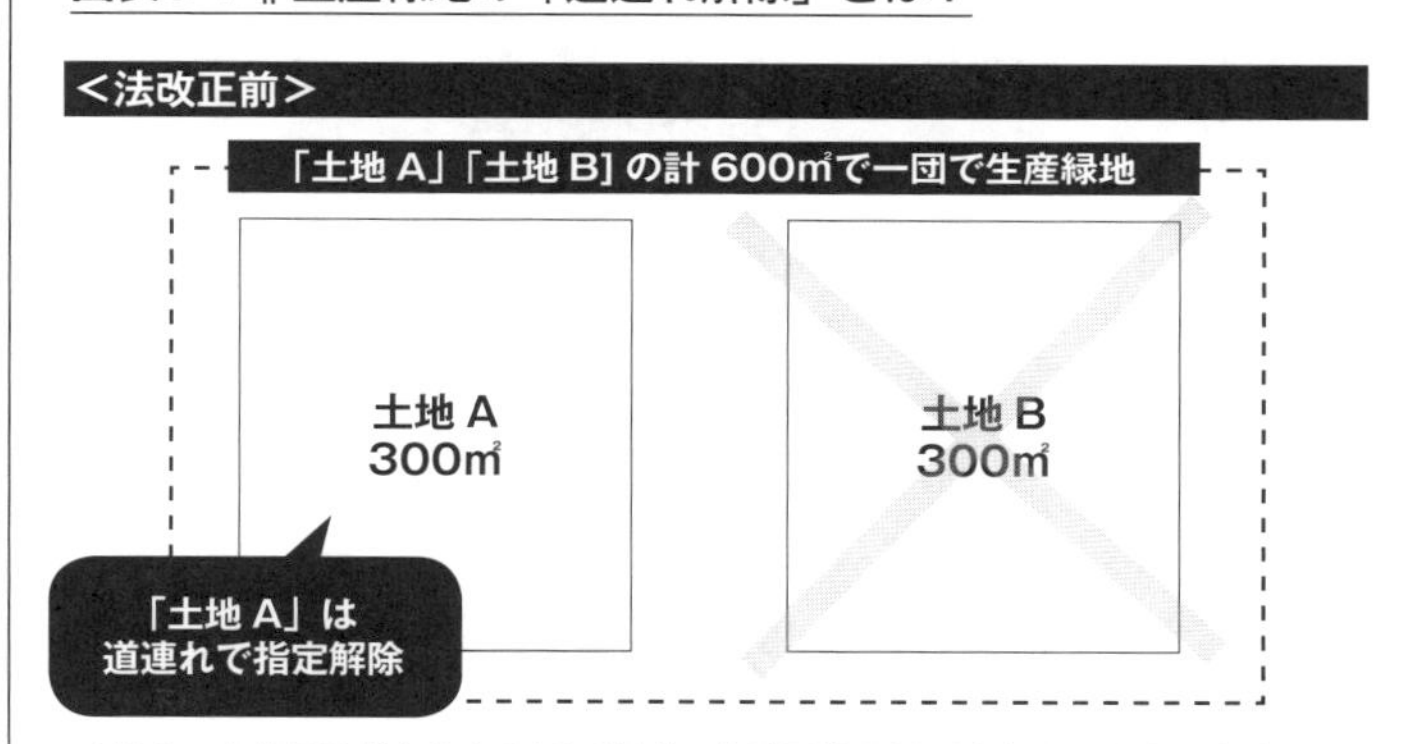

土地A、土地Bはどちらも300㎡だが、合計面積500㎡を超えるように土地Aと土地Bで一団を組むことで生産緑地の指定ができる。しかし、のちに土地Bだけ指定解除すると、一団を組んでいた土地Aが500㎡の面積要件を満たせなくなるため、土地Aも道連れで指定が解除される。

<法改正後>

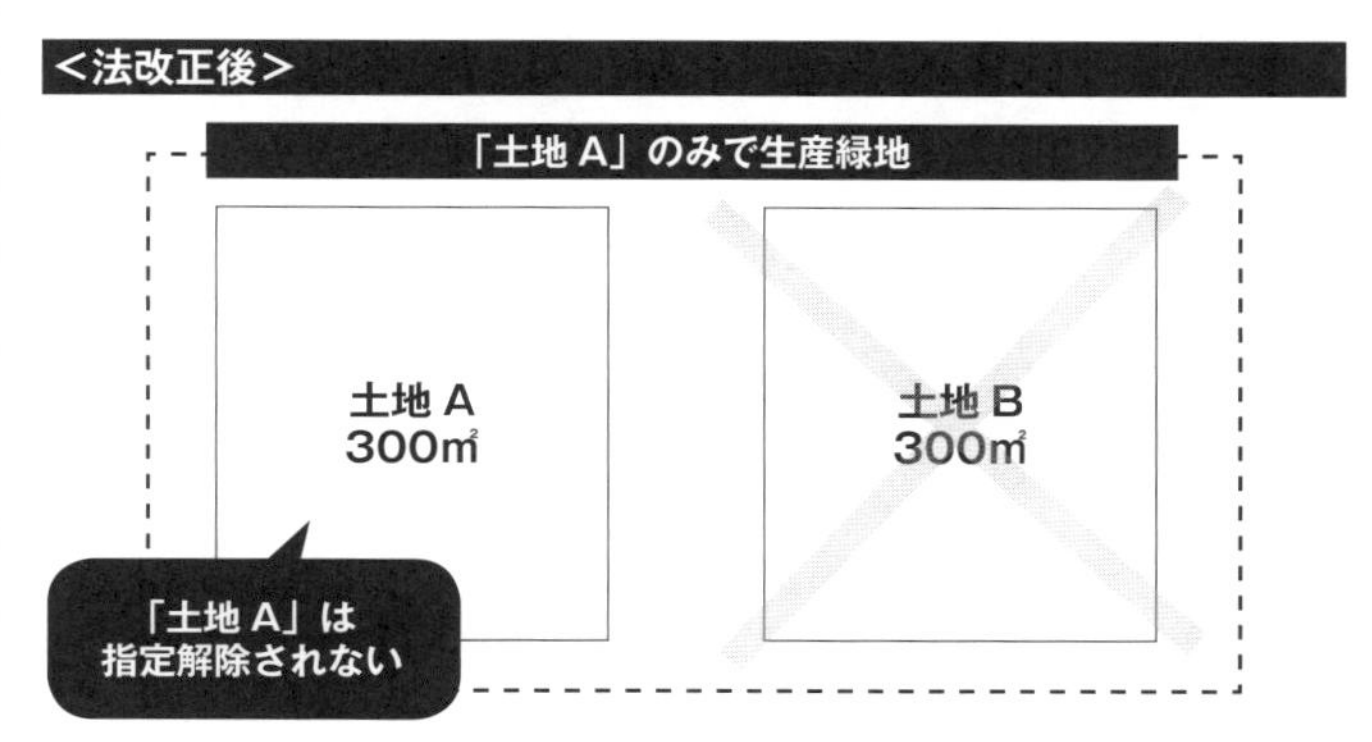

一団を組んでいた土地のうち、土地Bの指定を解除しても土地Aは300㎡の面積要件を満たしていれば、道連れで指定解除されることはない。

このために、生産緑地の所有者は自らが作った農作物で利益を上げる直売所などの設置ができませんでした。しかし、2017年6月の生産緑地法の改正で行為制限の条件が緩和され、生産緑地内に設置できる施設が追加されました。

◆改正後に追加された施設

・生産緑地内で生産された農産物などを主たる原材料とする製造・加工施設……❶
・生産緑地内で生産された農産物などまたは❶で製造・加工されたものを販売する施設
・生産緑地内で生産された農産物などを主たる材料とするレストラン

農家レストランや野菜の直売所などの設置ができるようにした背景には、生産者が利益を生み出せるようにすることで、生産緑地の指定の解除を減らす狙いがあります。ただし、生産緑地の保全に著しい支障を及ぼすおそれがないように、以下のような基準が設けられています。

・残る農地面積が地区指定の面積要件以上

・**施設の規模が全体面積の20％以下**
・**施設設置者が当該生産緑地の主たる従事者**
・**食材は主に生産緑地およびその周辺地域（当該市町村または都市計画区域）で生産**

農地から転用して販売に関する施設を設置すると、その部分は「宅地」とみなされ、固定資産税はアップします。生産緑地の所有者は、税制面や地域の環境、活性化などを総合的に勘案して農地を利用する必要があります。

④田園住居地域の創設

農業の利便の増進を図りつつ、これと調和した低層住宅に係る良好な住居の環境を保護することを目的に、新たな用途地域として「田園住居地域」が創設されました。用途地域に初めて農地を位置づけ、住宅と農地とが共存するエリアを望ましい市街地像として新たに示したものです。これにともない、従来は12種類に区分されていた用途地域に田園住居地域が加わり、図表5-8のように全13区分になりました。

比較的農地が多い住居専用地域で農業用施設の設置に特別な許可が必要であるのと同様に、田園住居地域でも農業用施設は許可制で、市街地環境を大きく変えるような300㎡以上規模の開発は原則的にできません。

図表5-8 ‖ 13区分がある「用途地域」

用途地域の種類			目的（都市計画法第９条）
住居系	低層	第一種低層住居専用地域	低層住宅の良好な環境を守るための地域
住居系	低層	第二種低層住居専用地域	小規模な日用品の販売などの店舗の立地可能な低層住宅の専用地域
住居系	中高層	第一種中高層住居専用地域	中高層住宅の良好な環境を守るための地域
住居系	中高層	第二種中高層住居専用地域	必要な利便施設の立地可能な中高層住宅の専用地域
住居系	その他	第一種住居地域	住居の環境を守るための地域
住居系	その他	第二種住居地域	店舗、事務所などが立地可能で、良好な環境を守るための地域
住居系	その他	準住居地域	業務の利便を取り入れながら住宅環境を保護された地域
農地系	その他	**田園住居地域**	**農業の利便の増進を図りつつ、これと調和した低層住宅に係る良好な住居の環境を保護するため定める地域**
商業系		近隣商業地域	隣の住民のための店舗（日用品店等）、事務所等を主とした地域
商業系		商業地域	店舗、事務所などを主とした地域
工業系		準工業地域	環境の悪化をもたらす恐れのない工業を主とした地域
工業系		工業地域	工業を主とした地域
工業系		工業専用地域	工業を専用とした地域

出所：国土交通省

建築規制は、建物の建ぺい率や高さ、周囲の建造物との距離などに規制を設ける「形態規制」と、小規模の農業用施設（農家レストラン、自家販売用加工場、農産物の生産、集荷、処理または貯蔵に使用するもの、農機具収納施設など）の設置に限定する「用途規制」が設けられています。

わかりやすくいえば、床面積500㎡以内の2階建てまでの農業用施設（田園住居地域およびその周辺の地域で生産された農産物の販売所、それを材料にした料理の提供をするレストランなどの飲食店、農産物を原材料に食品の製造・加工をするパン屋、米屋、豆腐屋、菓子屋などの商業施設、農機具収納施設など）が建てられるのが田園住居地域の大きな特徴です。

なお、田園住居地域内の宅地化農地（300㎡を超える部分）については、固定資産税などの課税評価額を2分の1に軽減（2019年度分より適用）されるほか、相続税・贈与税の納税猶予が適用されます。

2019年2月末時点で、具体的にどの地域を「田園住居地域」に指定するかはっきりしていませんが、指定されると開発規制や建築規制もかかります。土地としての価値にも影響が及ぶ可能性は十分あるので、該当する土地を所有している場合はその動向を注視する必要があります。

「都市農地の貸借の円滑化法」で貸しやすくなった「生産緑地」

従来は事実上、農地（生産緑地）を貸すことはできなかった

農地の賃借権については農地法が定めていますが、農地法は農民の権利の保護を大原則にしています。貸主が賃借人の信義則違反などがある場合、都道府県知事の許可を受けたうえ、一定期間前に契約を更新しない旨、または条件を変更しなければ契約更新しない旨の通知をしない場合は、従前の契約と同一の条件で契約を更新したとみなされる「法定更新」が行われたとみなされ、更新後の契約期間は定めがないものとされます。

従来は貸主が貸した農地を返してもらう（＝賃貸借の解約）には、農地を明け渡す日の6カ月以内に文書による合意を借主と成立させるか、民事調停法による農事調停で合意を成立させるか、もしくは知事の許可を受けなければいけませんでした。つまり、農地を貸した場合、貸主は借主の合意なく土地を返してもらえないため、貸主にとっては貸しづらかったのです。

従来、生産緑地を相続した場合は「相続税の納税猶予の特例」を受けることで、相続した本人が死ぬまで農業を続ければ、猶予された相続税を免除されることは前述したとおりです。なんらかの事情で本人が営農できなくなったときに後継者がおらず、他人に生産緑地を貸して農業を続けさせても他人に貸した時点で納税猶予が打ち切られ、遡って利子税が課税されてしまいました。そのため、貸した時点で納税猶予が打ち切りになる納税猶予制度は使いづらい制度でした。

２０１２年に農林水産者が農業者を対象に実施したアンケート（図表5-9）でも、生産緑地を貸すことをためらう理由として、「耕作権を主張され、返ってこない不安がある」「相続が起きたときに自由に処分できなくなる」「相続税の納税猶予が打ち切りになる」といった理由が上位を占めています。

農業従事者の高齢化と後継者不足も大きな問題です。農業従事者の死亡や故障によって農業継続できなくなったことで指定を解除する生産緑地が増えています。

２０１６年に東京都が都内の生産緑地を有する農家を対象に実施したアンケート調査では、後継者が「いない」と回答したのは38・7％で、「いる」と回答した35・０％を上回っています（「未定」は26・3％）。

生産緑地は30年間の営農義務があり、自由に活用や売却ができないので、固定資産税が安くすむ生産緑地にせず、いつでも売却可能な宅地化農地にしておく農家もあるほどです。

図表5-9 ‖ 市街化区域内農地を貸すことをためらう理由

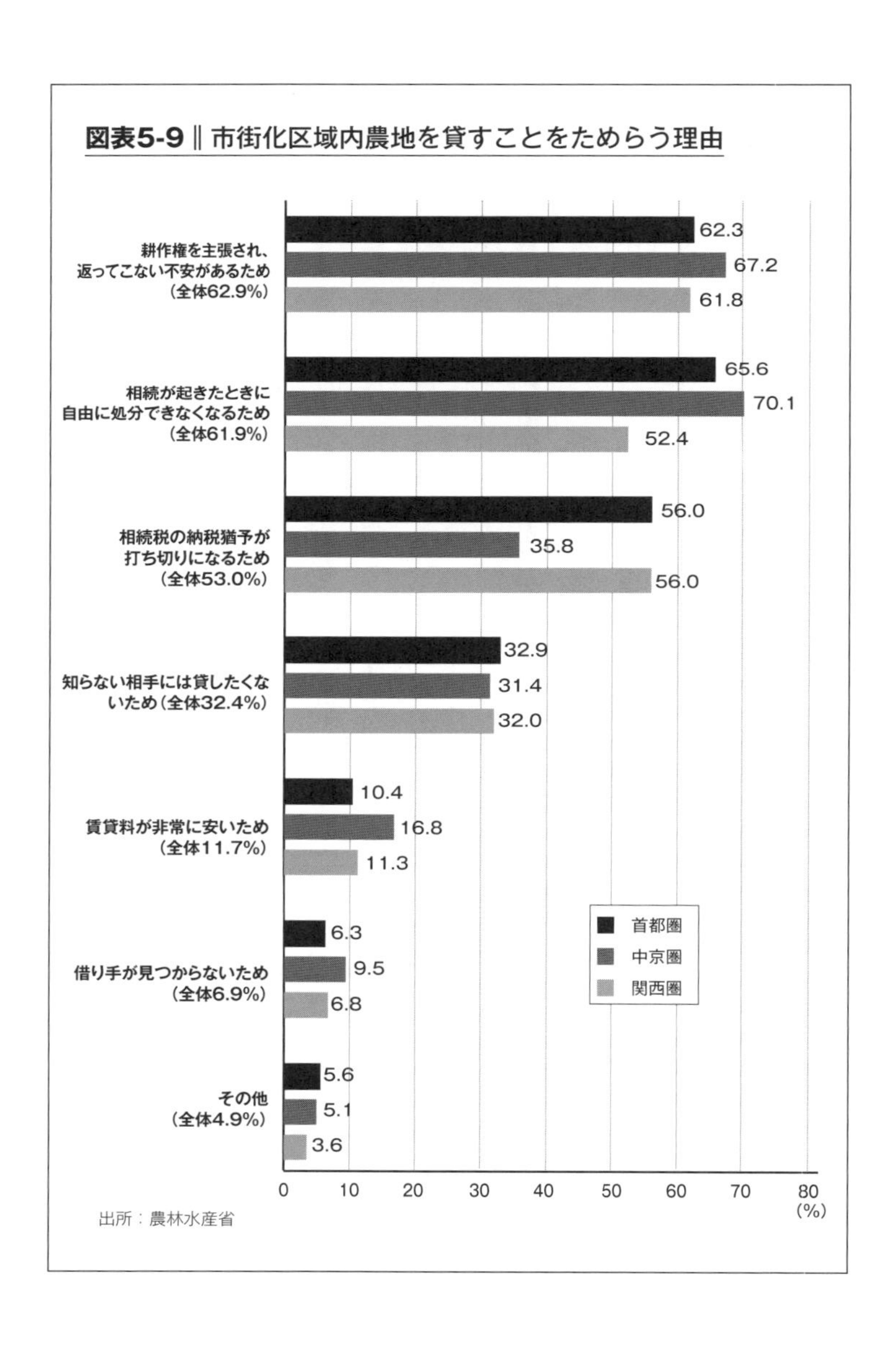

出所：農林水産省

2018年9月1日から新しい仕組みがスタート

国は都市農地（＝生産緑地）を農業に意欲的な企業や個人に貸し出しやすくすることで宅地への転換を防ぎ、農地としての継続利用を促そうと、2018年6月に新たな法律「都市農地の貸借の円滑化に関する法律（以下、都市農地貸借法）」を成立させました。そして、同年9月1日からこの法律に基づいて、生産緑地の貸借が安心して行える新たな仕組みがスタートしました。

都市農地は都市住民に地元産の新鮮な野菜などを供給するだけでなく、防災空間や緑地空間など多様な機能を持っています。農業従事者の減少・高齢化が進展するなか、これらの機能を発揮させていくためには、この新たな仕組みを活用して、貸借により都市農地を有効活用することを考えていくことも重要です。

なお、都市農地とはいわゆる生産緑地を指しています。以下、都市農地という記述は、生産緑地と捉えて差し支えありません。

都市農地貸借法は、従来の規制を主に次の2点で緩和しています。

・自らの耕作の事業の用に供するための都市農地の貸借の円滑化

・特定都市農地貸付けの用に供するための都市農地の貸借の円滑化

前者は、生産緑地を借りる人が自ら農業経営することを目的に貸借するケースで、後者は、市民農園などの開設目的で生産緑地を貸借するケースについて規定しています。

「自らの耕作の事業の用に供するための都市農地の貸借の円滑化」とは?

都市農地を借りて自ら営農をしたい人が都市農地を借りやすくしたのが、「自らの耕作の事業の用に供するための都市農地の貸借の円滑化」です。

都市農地を借りたい人は、その都市農地で行う事業計画を作成して、市町村長に申請し、農林水産省令で定める基準に適合する「都市農業の有する機能の発揮に特に資するもの」として認められれば、農業委員会の決定を経て認定を受けます。

事業計画の認定基準は、次のようになっています。

・都市農業の機能発揮に特に資する基準に適合する方法で都市農地において耕作を行うか

(例)　生産物の一定割合を地元直売所等で販売
防災協力農地として市町村等と防災協力協定を締結

都市住民が農作業体験を通じて農作業に親しむ取り組み
・周辺地域における農地の農業上の利用の確保に支障を生ずる恐れがないか
・農地のすべてを効率的に利用するか

この規定に従って都市農地を貸した場合は、農地法で定められた「農地の売買・贈与・貸借の制限」の規定は適用されず、従来のように生産緑地を貸しても相続税の納税猶予が打ち切られることはありません。

また、農地の貸借のネックになっていた「**法定更新」が適用されないので契約期間終了後に農地が返ってくる**ようになりました。

これらによって、これまで都市農地を貸しづらくしていた要因が取り除かれることになったのです。

ただし、認定を受けてから事業計画に従った事業を行わず、市町村長から勧告をされても従わなかった場合には認定を取り消される可能性があります。

「特定都市農地貸付けの用に供するための都市農地の貸借の円滑化」とは？

従来、都市農地を借りて市民農園などを開設する場合は、借主は農地所有者から都市農地

図表5-10 ‖ 都市農地の貸借の円滑化法のメリット

	通常（農地法による貸借）	都市農地貸借円滑化法
法定更新 （農地法による契約の自動更新制度）	**適用される** 契約更新しないことについて知事の許可がないかぎり、農地が返ってこない	**適用されない** 契約期間経過後に農地が返ってくるので安心して農地を貸せる
相続税納税猶予制度	**打ち切り** 納税が打ち切られ、猶予税額と利子税の納税が必要	**継続** 相続税納税猶予を受けたままで農地を貸すことができる

を直接借りることはできず、地方公共団体や農地利用集積円滑化団体、農地中間管理機構といった第三者を介して借りることが特定農地貸付法によって義務付けられていました（図表5－11上図）。しかし、第三者を介して生産緑地の貸借を行うことが実態にそぐわないため、「特定都市農地貸付けの用に供するための都市農地の貸借の円滑化」によって、農地を所有していない人が都市農地で市民農園を開設する場合は、直接、農地所有者から都市農地を借りることができる「特定都市農地貸付」が創設されました（図表5－11下図）。

これにより市区町村長の認定を受けた借り手に対し、所有者が生産緑地を貸し出せるようになりました（ただし、次項に注意点あり）。市民農園などの事業を行いたい人に農地を貸

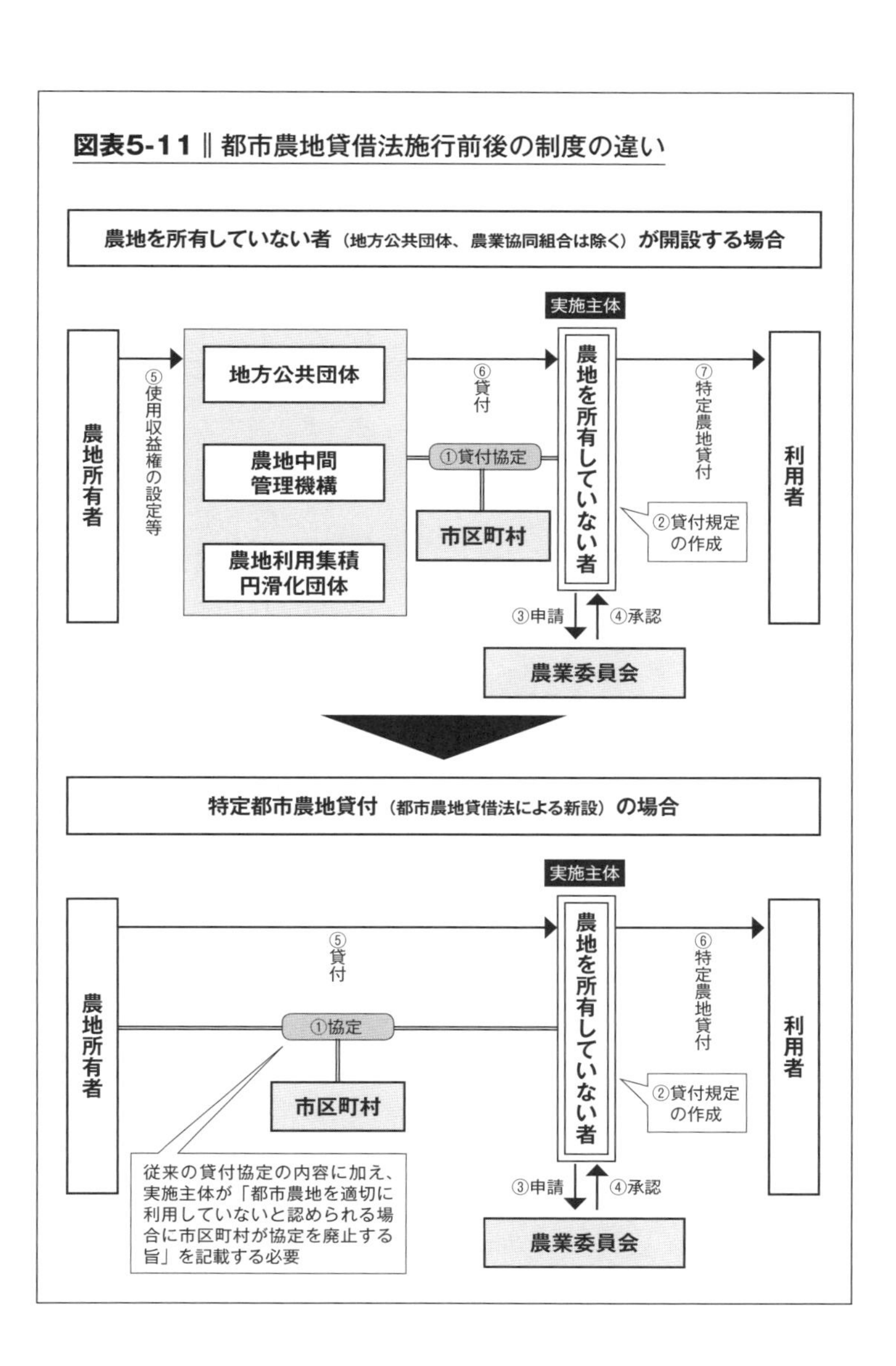
図表5-11‖都市農地貸借法施行前後の制度の違い
農地を所有していない者（地方公共団体、農業協同組合は除く）が開設する場合
実施主体
農地所有者
⑤使用収益権の設定等
地方公共団体
農地中間管理機構
農地利用集積円滑化団体
⑥貸付
①貸付協定
市区町村
農地を所有していない者
⑦特定農地貸付
②貸付規定の作成
利用者
③申請
④承認
農業委員会
特定都市農地貸付（都市農地貸借法による新設）の場合
実施主体
農地所有者
⑤貸付
①協定
市区町村
従来の貸付協定の内容に加え、実施主体が「都市農地を適切に利用していないと認められる場合に市区町村が協定を廃止する旨」を記載する必要
農地を所有していない者
⑥特定農地貸付
②貸付規定の作成
利用者
③申請
④承認
農業委員会

すことで、自ら営農しなくても生産緑地の営農条件を満たすため、「都市農地貸借法」に基づく貸借は、従来のように相続税の納税猶予を打ち切られることはなく、引き続き納税猶予を継続できます。

都市農地貸借法によって、生産緑地を安心して長期にわたって貸せる相手がいれば、後継者に不安があっても納税猶予を受けられるため、代々守ってきた農地（生産緑地）を守ることができるようになります。そうなれば納税猶予制度の活用も増え、さらには生産緑地の追加指定が増えるかもしれません。

「都市農地の貸借の円滑化法」活用における注意点

納税猶予を受けるために安易に貸すのは危険

近年、民間企業などによる市民農園が人気を集めているので、「特定都市農地貸付」を使って生産緑地を貸し出すことで、高齢化や後継者不足に悩む都市農家のひとつの解決策になると思われがちです。しかし、納税猶予を受けたいからといって、安易に農園運営事業者に生産緑地を貸し出すことは避けたほうがいいでしょう。

貸した相手が何らかの都合で営農をやめて、別の運営事業者が見つからなかった場合、自らが農園を運営するか、営農しないと納税猶予が打ち切られてしまうからです。

主たる従事者の従事日数に一定の見直しがあった

「生産緑地法第十条の第二項」には、次のように書かれています。

（生産緑地の買取りの申出）第十条

第十条の二

生産緑地所有者は、前項前段の場合のほか、同項の告示の日以後において、当該生産緑地に係る農林漁業の主たる従事者（当該生産緑地に係る農林漁業の業務に、**当該業務につき国土交通省令で定めるところにより算定した割合以上従事している者を含む。**）が死亡し、又は農林漁業に従事することを不可能にさせる故障として国土交通省令で定めるものを有するに至つたときは、市町村長に対し、国土交通省令で定める様式の書面をもつて、当該生産緑地を時価で買い取るべき旨を申し出ることができる。この場合においては、同項後段の規定を準用する。

注意点は次の2つです。

注意点①生産緑地を完全に貸してしまうと買取申出ができなくなる（可能性がある）

注意点②都市農地貸借法に基づく賃貸借契約で他人に貸すと期間満了になれば生産緑地は返ってくるが、返してほしいときには合意してもらえないと返してもらえなくなる

まず、注意点①について説明します。

農業の主たる従事者が死亡などの理由で従事できなくなった場合は、市町村長に買取申出ができますが、その主たる従事者の従事日数に一定の見直しがありました。

生産緑地を完全に他人に貸してしまうと農業従事者ではなくなってしまいます。そこで、**「都市農地の貸借の円滑化に関する法律（以下、都市農地貸借法）に基づく貸借では、土地の所有者を主たる従事者と同程度の従事者とみなすには、1割以上（農業に）従事している必要があるとされています。**

簡単にいうと、生産緑地を完全に他人に貸してしまうと、まったく農業に従事していないこととなり、死亡や故障の際に生産緑地の買取申出ができなくなるということです。

各自治体の農業委員会が発行する「従事者証明」に関する運用は自治体によって異なりますが、原則（生産緑地法上）はそのようになる（と読めます）ので注意が必要です。

注意点②は、都市農地貸借法に基づく賃貸借契約における**契約解除は、賃借人（借りている人）からしか認められていない**（ただし、合意による解除は可能）ことです。つまり、「相続が発生したから、貸している生産緑地を売却して相続税を払いたい」と思っても、一方的に賃貸借契約は解約できないので注意が必要です。

貸し農園は所有者開設型（農業体験型農園）がいい？

農園として他人に利用してもらう場合は、所有者開設型の農園（農業体験型農園）が好ましいでしょう。実際の運営は、自らするやり方と他人（信頼できる専門業者）に任せるやり方があります。他人に任せる際のポイントは、「誰に運営を任せるか」ですが、これについてはケースバイケースなので、ここでは省略します（個別にご相談ください）。

所有者開設型的な農園は従来「農園利用方式」と呼ばれ、体験農園、体験型レジャー農園、レクリエーション農園とも呼ばれています。農地を区画割りして利用者に貸し付けるのではなく、農家が開設（運営は第三者の場合もある）する農園で、土づくりから種や苗の準備、栽培の指導を農家が行い、農園利用者（入園者）は指示に従い、継続的に農作業を体験する形式にしている農園のことです。

決められた区画内で家庭菜園を楽しみ、見た目は区割りのされた貸し農園のようでも、利用者は農地を借りているのではなく（地主は農地を貸しているのではなく）、農業者から農業を教わって体験しているという建前でした。この点でも「貸し農園」とは大きく違いました。

農業委員会等に関する法律に位置付けられた認可法人として設立され農業の健全な発展を図る全国組織の一般社団法人全国農業会議所でも、ＮＰＯや企業などに農地を貸す「貸し農園」は、農家の農地保全（農地を守る）意識が薄れてしまいがちなので、農業体験農園を勧めています。

これまでは納税猶予制度との関係で単純に農地を貸せませんでしたが、都市農地貸借法の施行で、農業体験農園の畝の一部に貸し農園を併設できるようになったので、農地を残す手段に工夫ができるようになりました。

生産緑地の「相続税の納税猶予制度」を使うとどうなるのか

先日、都市農家（地主）向けに都市農地の保全に係る近年の制度改正（特定生産緑地制度）や農地の納税猶予制度の活用方法や注意点などについてのセミナーを開催しました。その際、参加していただいた都市農家の方でも多くの方が、納税猶予制度を正確に理解しておらず、誰が（配偶者か後継者か）、いつ（一次相続時か二次相続時か）、どれくらいの生産緑地の納税猶予を受ければいいか、その際のトータルの相続税額（一次相続税と二次相続税の合計相続税額）がどれくらいになるかについてほとんど把握できていませんでした。

2018年の税制改正と都市農地貸借法の施行により農地が貸しやすくなり、農地を貸しても納税猶予が継続できるようになり、これまでに比べて納税猶予を受けやすくはなりました。しかし、安心して貸せる先についてはまだまだ不明瞭な点があります。農家の高齢化などによる後継者不足問題が根底にはありますので、納税猶予を受ける際には、慎重に検討する必要があります。

ここでは、こうした変更にともなって、「相続税の納税猶予制度」を適用したときに、どのような影響があるのかを、第3章にも登場したAさん一家の家族構成と資産構成を使いな

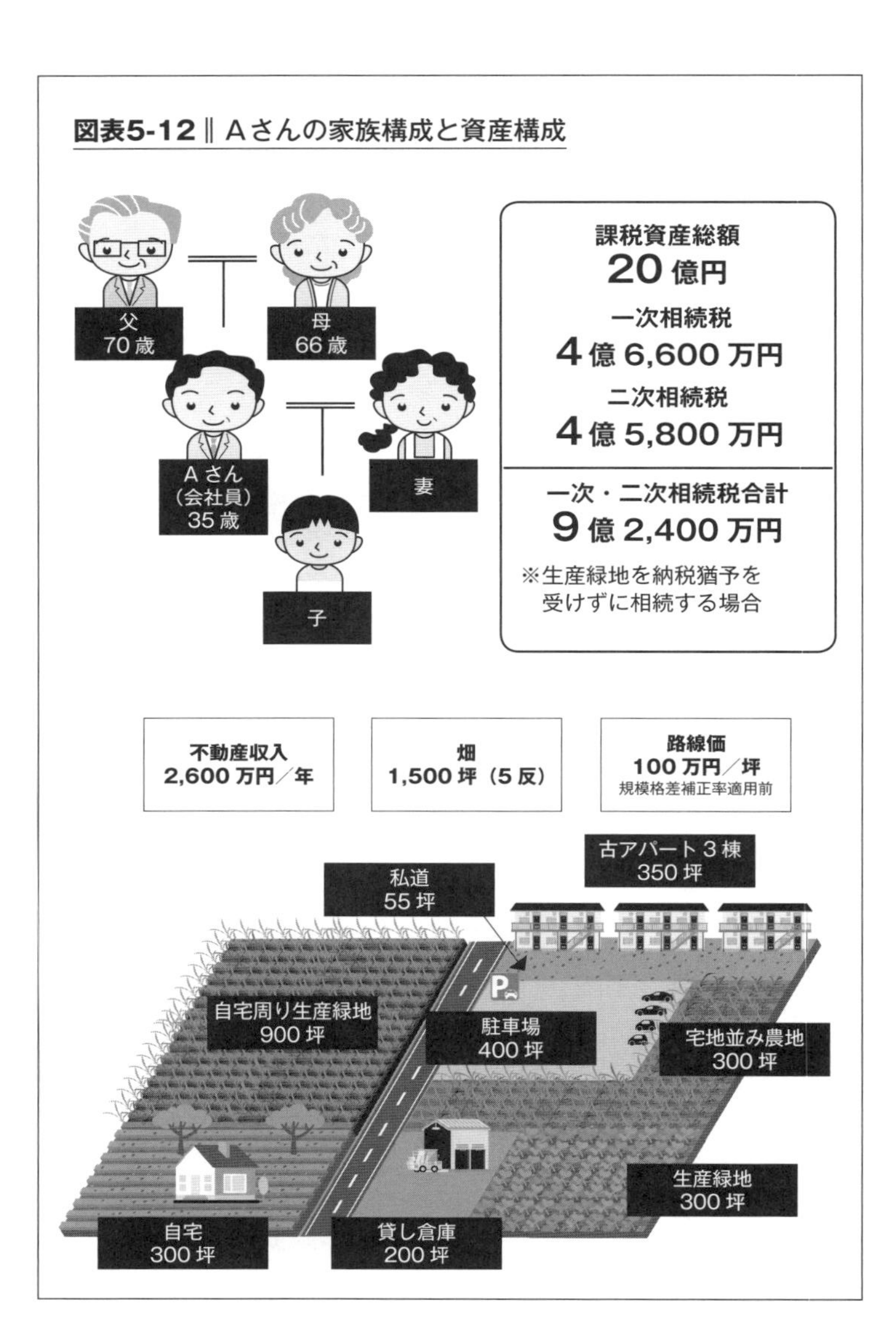
図表5-12‖Aさんの家族構成と資産構成
父
70歳
母
66歳
Aさん
（会社員）
35歳
妻
子
課税資産総額
20億円
一次相続税
4億6,600万円
二次相続税
4億5,800万円
一次・二次相続税合計
9億2,400万円
※生産緑地を納税猶予を
受けずに相続する場合
不動産収入
2,600万円／年
畑
1,500坪（5反）
路線価
100万円／坪
規模格差補正率適用前
古アパート3棟
350坪
私道
55坪
自宅周り生産緑地
900坪
駐車場
400坪
宅地並み農地
300坪
生産緑地
300坪
自宅
300坪
貸し倉庫
200坪

がら3パターンで比較しながら見ていきます。

Aさんの一家の家族構成と財産構成は図表5-12のようになっています。

パターン①父の考えに沿って相続する

Aさんの父は、会社員をしているAさんに「そろそろ農家を継いでほしい」と考えています。しかし、Aさんは農業の経験がないため、農業をやっていけるか不安をもっています。一方で父も一次相続時でAさんが納税猶予を受けると、終生営農の義務を負うことになる点については、リスクがあると考えていました。そこで自宅と生産緑地はすべて妻に、それ以外の財産はAさんに相続させるつもりです。ただ、代々受け継いできた自宅周りの900坪の生産緑地は二次相続でAさんが納税猶予を受けて残してほしいと考えています。

Aさんの母が自宅と生産緑地をすべて相続した場合、財産の2分の1を超えるので、納税猶予を受けないと母にも相続税がかかってきます。しかし、2分の1を超えた部分だけ納税猶予を受ければ、母には相続税はかからなくなります。Aさんではなく、母が生産緑地の一部分を納税猶予を受けてもリスクは少ない(母が営農できなくなってもAさんができる)ので、この方法は妥当な方法といえます。

この場合、相続税は約4億4000万円になります。宅地並み農地と駐車場を売却して納

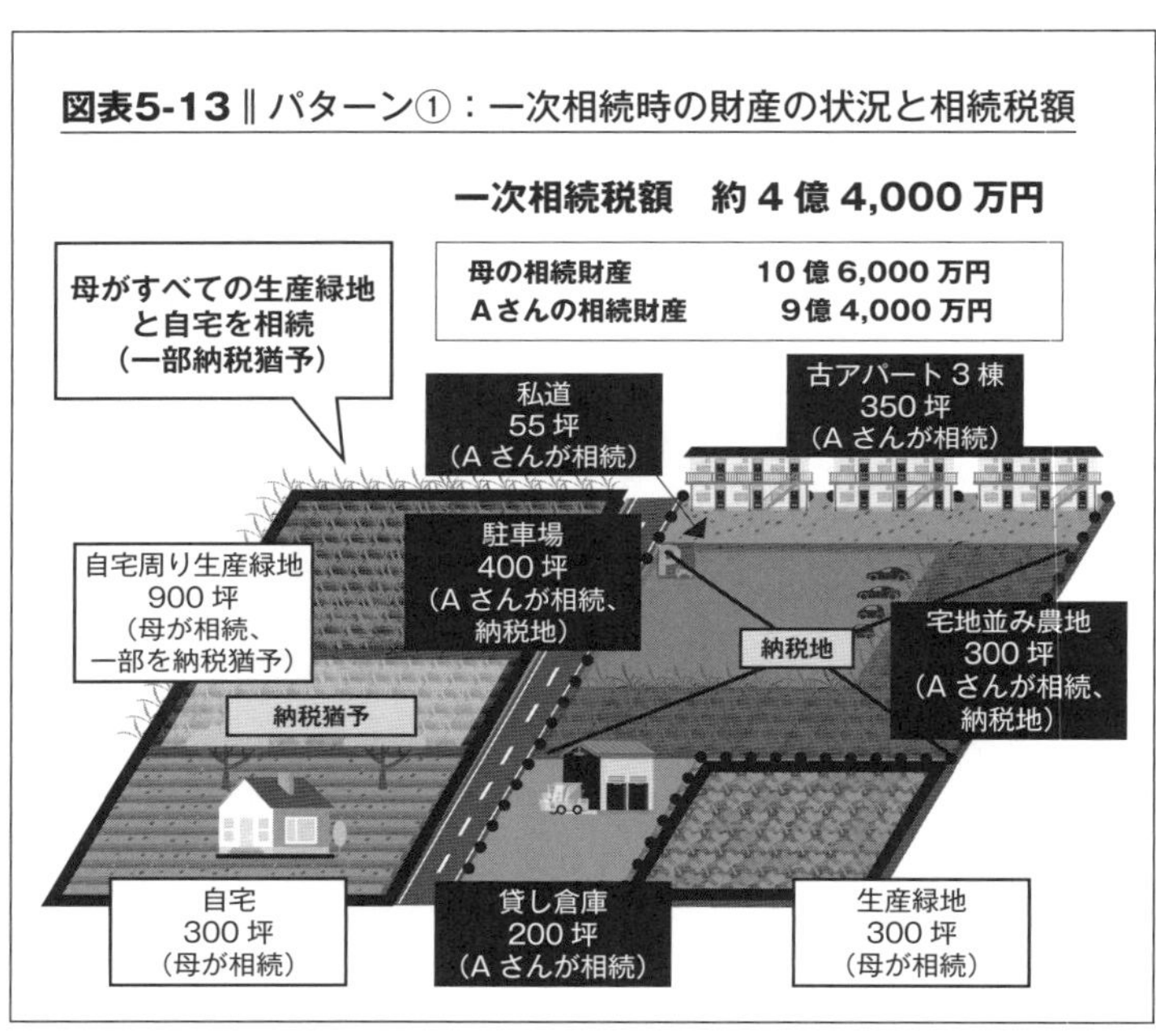

図表5-13‖パターン①：一次相続時の財産の状況と相続税額

税すれば収入は減少しますが、相続税は払えます。

二次相続時は、父の考えに従って、自宅周りの**生産緑地900坪をAさんが納税猶予**を受けて相続すれば、相続税は1億6000万円になりますので、貸し倉庫横の生産緑地を売却すれば、相続税は十分払えます。

Aさんは父の考えのとおりに相続をするつもりで、一次相続後の農業従事についてはあまり心配していませんが、たとえ農地を貸してよくなったとはいえ、貸した人が農業をやめてしまえば、本税に加え、利子税の遡り課税があると思うと、母が亡くなったあとに900坪の生産緑

図表5-14‖パターン①：二次相続時の財産の状況と相続税額

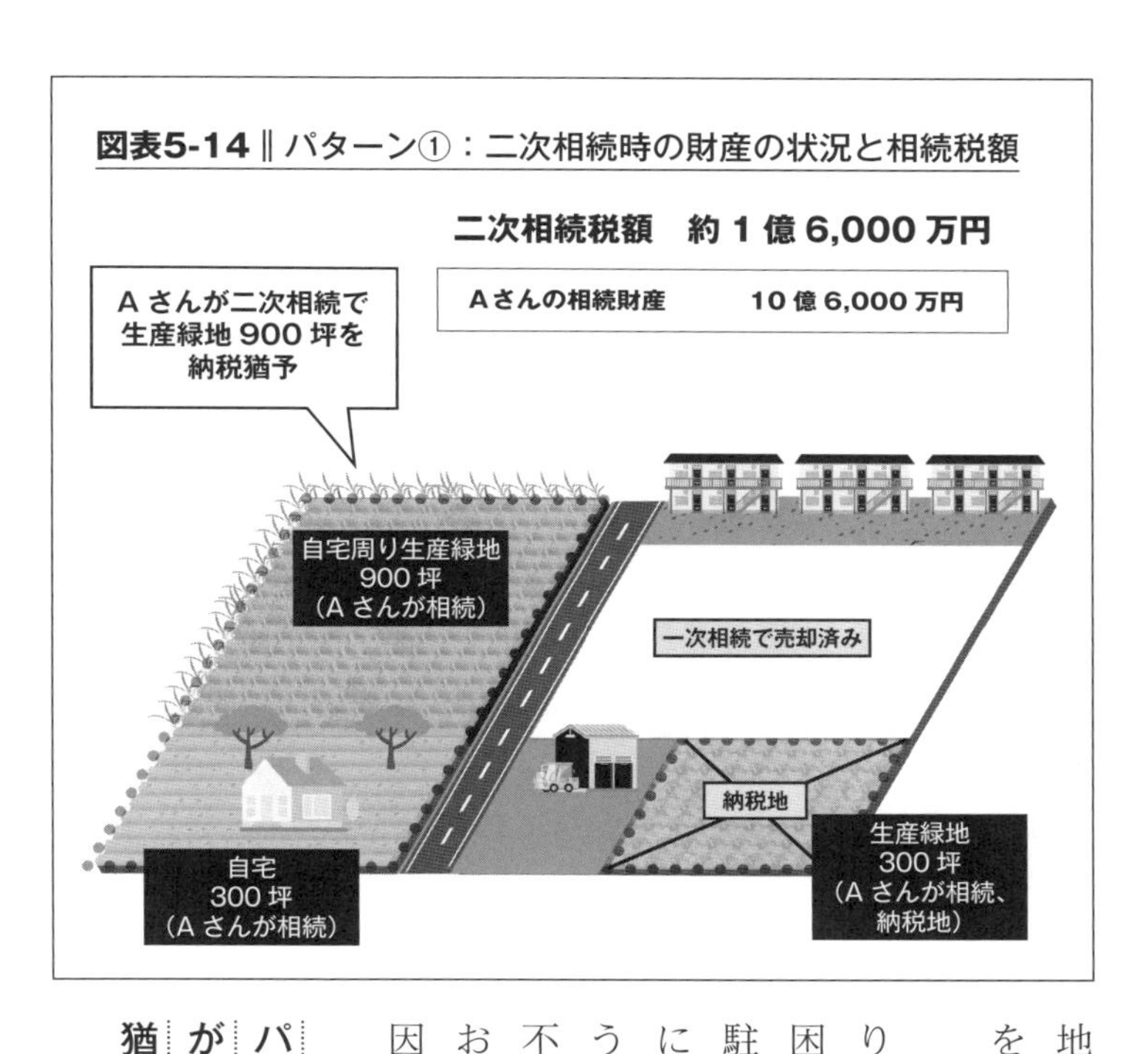

地で終生営農やっていけるかは不安を持っています。

不動産収入は今は2600万円あり、幸いにも借金はほとんどなく困ってはいませんが、一次相続後は駐車場収入はなくなり、Aさんが家に入ると給与収入もなくなってしまうことも不安材料です。それに加え、不動産収入は年々減ってきており、お金が貯まっていないことも不安要因になっています。

パターン②一次相続でAさん（長男）が生産緑地900坪を相続して納税猶予を受ける

一次相続のときに相続税が少なく

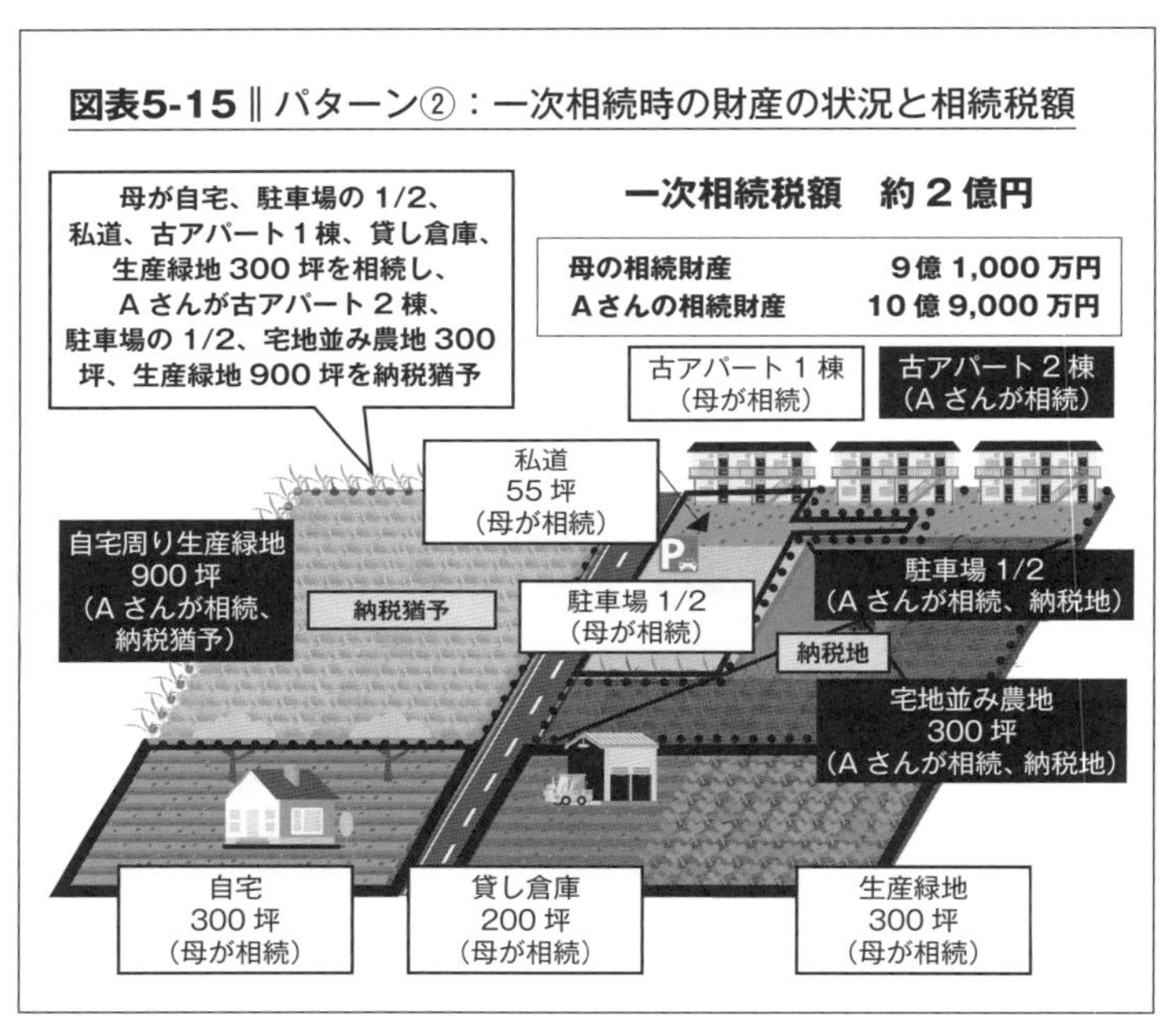

図表5-15‖パターン②：一次相続時の財産の状況と相続税額

てすむように、一次相続で**Aさんが**古アパート2棟、宅地並みの農地、駐車場の半分、**生産緑地900坪を納税猶予を受けて相続**し、母が残りの財産（約半分の財産）を相続すれば、母は配偶者の税額軽減で相続税がかからないため、一次相続税は約2億円ですみます（図表5―15）。しかし、二次相続で母の財産をそのままAさんが相続すると、二次相続税は約4億1000万円になります（図表5―16）。

　このパターンでは、**トータルの相続税はパターン①とほとんど変わりません**（合計6億1000万円）が、仮に10年後に二次相続が発生し、45

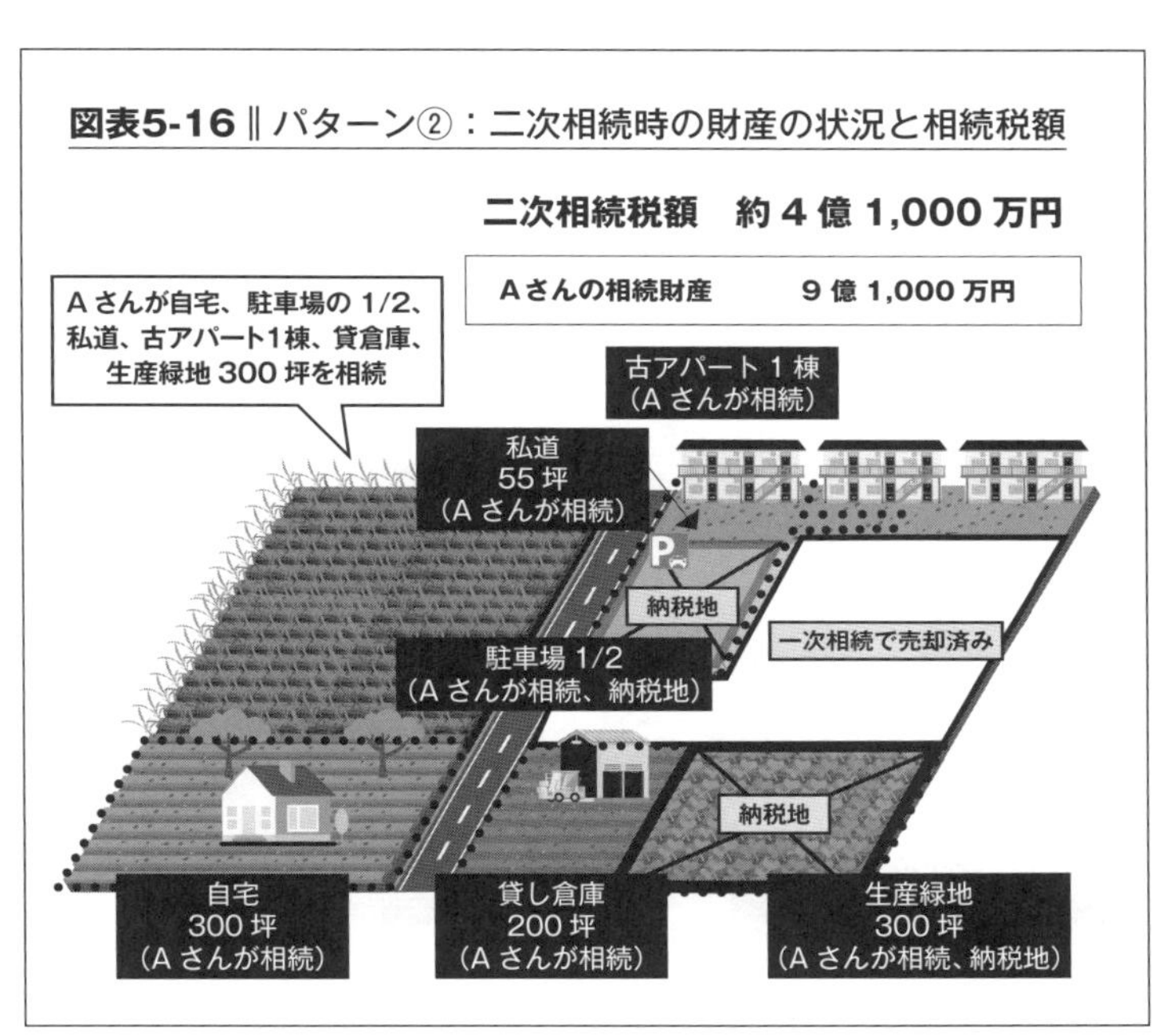

歳のAさんが85歳まで生きるとすると、**亡くなる40年後まで猶予された相続税は免除されません。**途中で農業が続けられなくなったり、農地を借りてくれる人がいなくなれば、猶予されていた3億5000万円の相続税と猶予期間の利子税を支払わなければならないという**大きなリスクを背負うことになります。**

パターン③一次相続で母親が全財産を相続して、生産緑地はすべて納税猶予を受ける

次にAさんの納税猶予確定リスクも少なく、かつ一次相続税が最も安くなるパターンを見てみましょう。

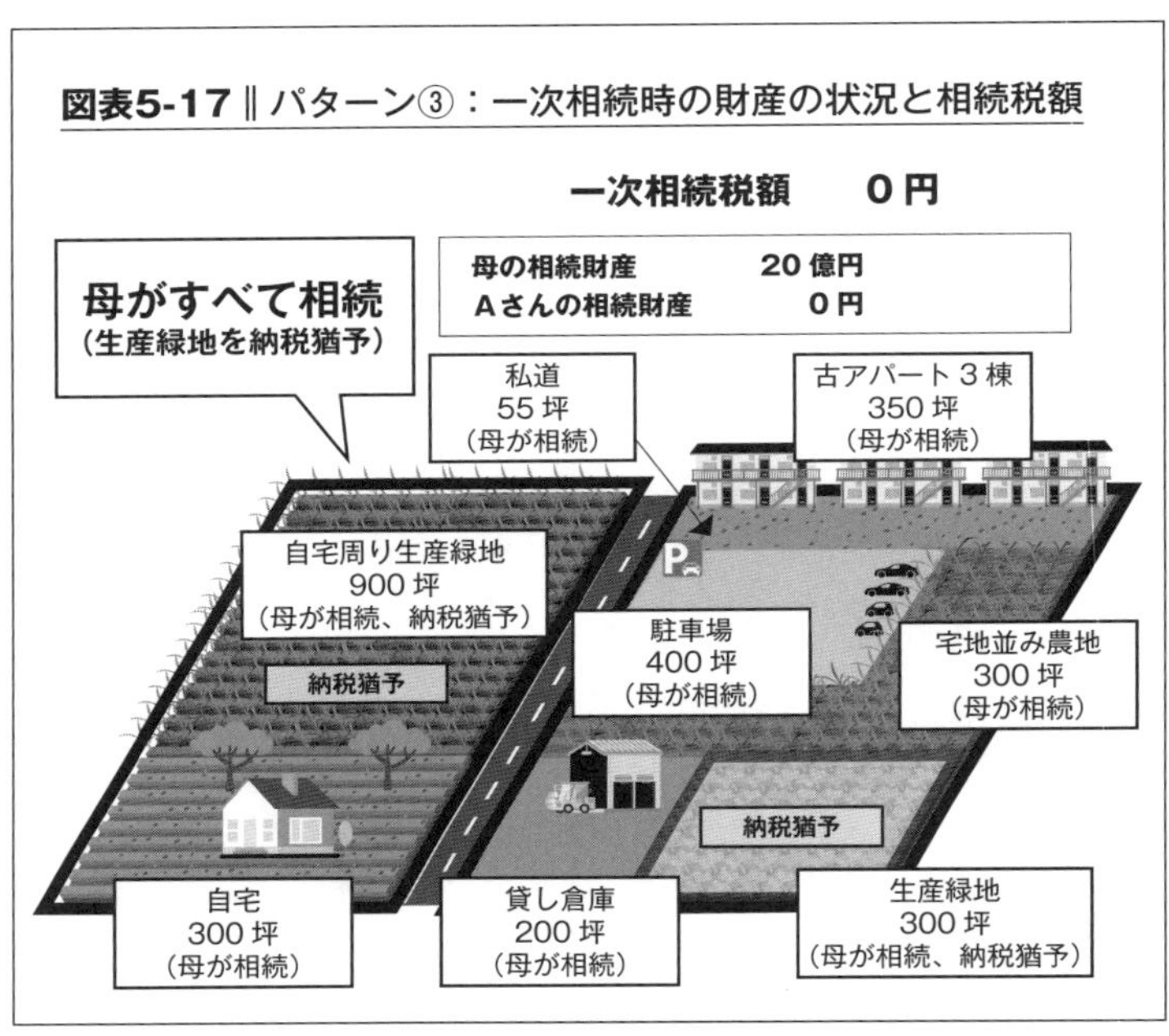

図表5-17‖パターン③：一次相続時の財産の状況と相続税額

母親が生産緑地以外で配偶者の税額軽減（2分の1まで非課税）をフルに使い、生産緑地はすべて納税猶予を受けて相続すれば、一次相続税は0円になります（図表5−17）。しかし、二次相続時にAさんが生産緑地900坪の納税猶予を受けても、母から譲り受ける財産が多くなってしまうため、相続税額は約6億6000万円となり、一次相続・二次相続の合計は約6億6000万円となります（図表5−18）。

このパターンは一次相続税はもっとも安くなりますが、トータルの相続税額はパターン①、②より高くなります。さらに一次相続時にすべて

図表5-18‖パターン③：二次相続時の財産の状況と相続税額

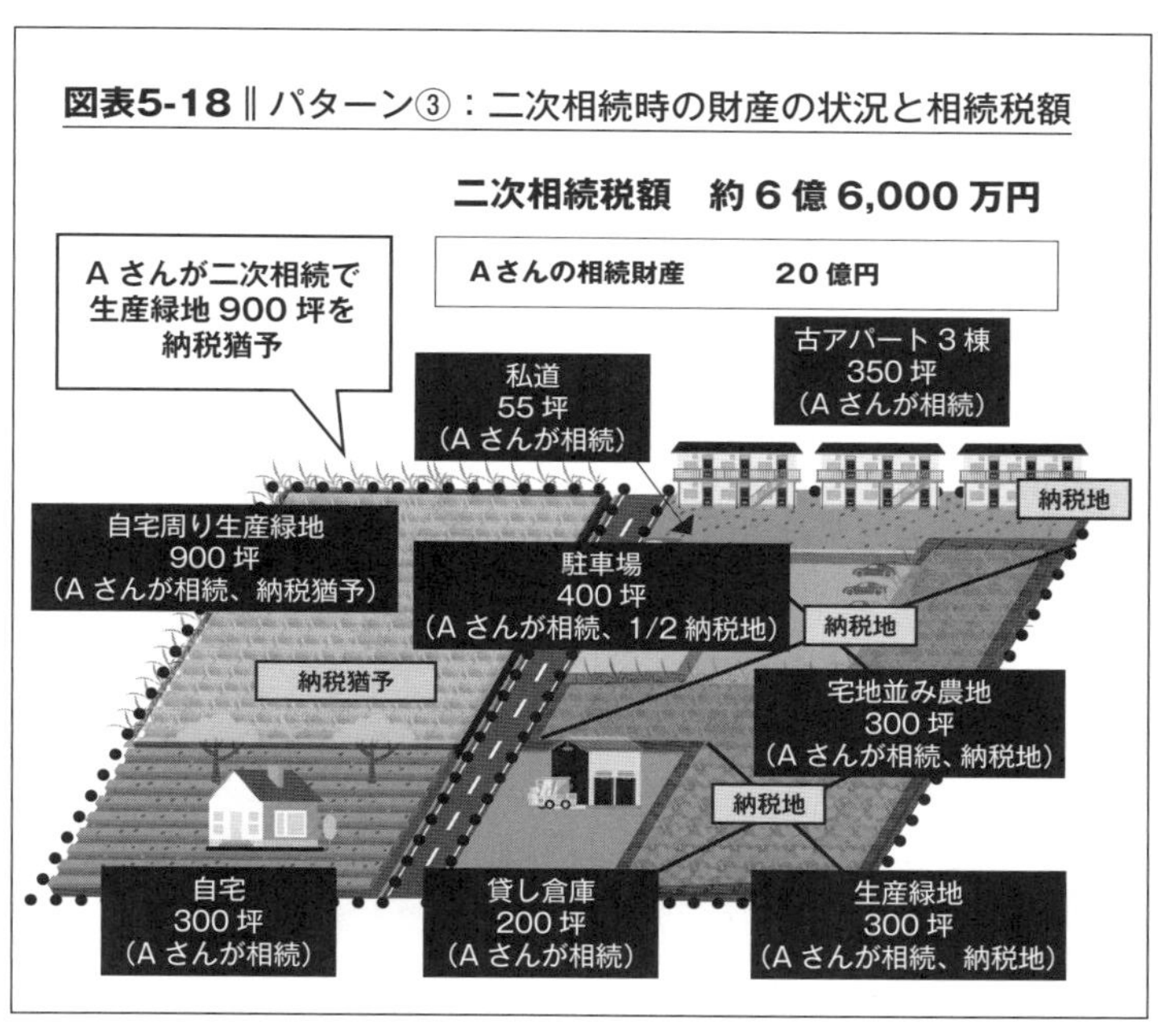

納税猶予を受けるため、生産緑地は指定解除ができなくなり、生産緑地については二次相続対策を行う余地も一切なくなります。つまり、営農以外のことは一切できなくなるので、このパターンはほとんどメリットがありません。

まとめとして、図表5‐19ではパターン①～③の相続税額を比較しています。このような試算のパターンは遺産分割内容によっていくつでもあります。大事なのは目先の相続税だけでなく、納税猶予のリスクなども含め、二次相続までトータルで考えなければ、良い相続にはなりません。そのためにも**「将来的な**（次の

代を見据えた）農地維持の計画づくり」は欠かせません。

納税猶予を受ける際に、どのように財産を分けるか、いつ誰が生産緑地を相続し納税猶予を受けるかなどによっても相続税額は大きく変わります。その計算は容易でなく、税理士でも専門知識がある人でなければ計算できないほどですから、詳しい専門家に依頼してください。

図表5-19‖パターン①～③の相続税額の比較

	一次相続	二次相続※	合計
パターン①	4億4,000万円	1億6,000万円	6億円
パターン②	2億円	4億1,000万円	6億1,000万円
パターン③	0円	6億6,000万円	6億6,000万円

※二次相続税は、一次相続時に母が相続した財産額で計算

第6章

都市農家・地主の〝やるべき対策〟と〝やってはいけない対策〟

都市農家・地主が〝やってはいけない〟こと

アパート建築業界や銀行・コンサルティング会社を簡単に信用してはいけない

２０１９年から特定生産緑地指定申請の受付が始まります。これをアパートを建てさせるチャンスと考える建築会社の多くは、生産緑地の地主に対して特定生産緑地の指定を受けずにアパートを建築する提案をしてくるでしょう。すべてが悪い提案とはいい切れませんが、アパート建築業界は過酷なノルマを課す営業スタイルの企業が多いため、生産緑地を持つ地主に対して手練手管を弄した強引な営業が増えるはずです。

第3章でも触れたように、建築サブリース会社の営業マンなどの言葉を疑いもなく信じてはいけません。建築サブリース会社はまだしも、銀行まで疑う必要があるのかと考える人もいるでしょう。しかし、「かぼちゃの馬車」のオーナーに融資をしていた地方銀行は高収益で知られ、金融庁からは地方銀行のなかでも優等生とされていました。しかし、その裏では審査書類の偽造や改ざんをしてでも融資獲得を最優先にする苛烈なノルマ営業を行っていました。こうしたことからもわかるように、「テレビＣＭを流している上場企業だから」「銀行も融資をしてくれるから」といっても簡単に安心してはいけないのです。

実際にあった建築営業のひどい話

私のもとには日々多くの相談案件が持ち込まれますが、信じられないようなひどい話がたくさんあるので、その一部をご紹介しておきましょう。

①有名なアパート建築会社の強引な営業

テレビCMでも有名な建築サブリース会社A社で25年前にアパートを建てたあるオーナーは、立地が悪いこともあってサブリース家賃が30％近く下落しており、これ以上家賃が下がると毎月の返済ができなくなるという状態になっていました。

その状況を知ったA社の営業マンは、「建て替えをすれば、新しいサブリース契約を適用でき、家賃も高く設定できるので有利」としつこく提案してきたそうです。その提案に不安を感じたオーナーは、「まだ借入も残っているので本当に大丈夫なのか」と何度も営業マンに確認しました。しかし、営業マンは「建て替えれば大丈夫」の一点張りで、断っても断ってもやってきて契約を結ばせようとしたそうです。結局、根負けしたそのオーナーは、断り切れず意に反してアパートを建て替えてしまいました。

もしこの営業マンがアパートオーナーのことを真剣に考えたうえでの提案であればいいのですが、「アパートオーナーのため」といいながらも、実際には自分自身の営業成績のことしか考えていないことが多く、極端なことをいえば、「アパートを建てさせれば、あとのことはどうなっても関係ない」と考えていることも少なくないのです。

②非常に不利な契約内容で老人ホームを建ててしまった

地主のDさんは駐車場の空きが増えてきたこともあり、新たな活用法を考えていました。そんな折、テレビCMでも知られている建築会社X社が飛び込み営業でやってきました。X社の営業マンの提案内容は、駐車場に老人ホームを建築して、X社が紹介する介護事業者に貸せば、現状より収入を大幅アップできるだけでなく、長期的な契約によって安定的な収入源になるという説明でした。

渡りに船と思ったDさんは、難しい内容の契約書の細かい点まで理解できませんでしたが、営業マンの「これが一般的な契約内容です」という言葉を信じて契約しました。

後日、別の相談がきっかけで私がその契約書を見る機会がありました。その契約内容は驚くべきもので、「一般的な契約内容」とはいえないものでした。

具体的には、借主（介護事業者）が事前に告知すれば違約金なしで解約可能になっていたほか、「修繕費用負担区分」が明らかに貸主であるDさんに不利な内容で、5年目からは家賃も改定できるようになっていました。

私たちが老人ホームの介護事業者を選定する際の条件ではあり得ない内容でしたが、オーナーは「これが一般的です」といわれたことを信じて契約してしまったのです。

どちらも私が相談者から聞いた実際の事例です。たとえ有名企業でも、信用できそうな営業マンでも簡単に信用してはいけません。私がしつこく注意喚起するのは、それほど多くのひどい事例を見てきているからです。

近づいてくるのは自社の商品を売りたい提案者ばかり

多くの相続対策の失敗は、相談相手を間違ったことで「やってはいけない相続対策」をやってしまっている（やらされている）ケースがほとんどです。

地主に近づいてくるのは、私たちコンサルティング会社も含め、次の業界の人たちです。

- **建築会社（ハウスメーカー）**
- **不動産業者**
- **保険会社**

・銀行・信託銀行
・コンサルティング会社

これらの業界の人たちは、大きな財産が動く地主の相続を大きなビジネスチャンスと考えています。建築会社ならアパート・マンションを建てさせようとします。不動産業者なら不動産を売らせたい、買わせたいと考えます。銀行は融資につながる相続対策を積極的に提案し、信託銀行なら遺言信託などの商品を積極的に勧めてくるでしょう。コンサルティング会社とは名乗っていてもそのレベルはピンキリです。いずれにしろ、地主の「節税したい」「相続が心配」という気持ちに寄り添うポーズをとりながら、自社や提携先が扱う商品・サービスを提案してきます。

ここで考えてほしいのは、相続対策について考えたいと思ったときに、たまたま建築会社や保険会社がやってきても、その人にとっては別の専門家に相談するのがベターかもしれないということです。たまたま出会った業者の提案が必ずしもベストな選択とはかぎりません。

ベストなパートナーは、相続する財産額、相続財産の内訳（金融資産が中心か、不動産が中心か、自社株が中心かなど）、解決したい課題や問題点によっても変わってきます。**相談者のメリットを最優先に考え、ベストな選択ができるようにいくつかの提案を行ってくれる**

パートナーを見つけることが相続対策を成功に導くためには不可欠です。

本当に信頼できる相談相手を見つけたり、良心的な業者を見抜くのは簡単ではありませんので、ひとつの業者だけでなく、別の業者や専門家にセカンド・オピニオン、つまり「第2の意見」を求めることです。そうすることで相続対策にはさまざまな方法があることがわかり、自分のなかにも選択肢を持つことができます。

相談相手によって残せる財産が大きく変わってしまうので、本書を参考にしながら別の専門家の話を聞いたり、信頼できる詳しい人に相談するなどして、信頼できるパートナーを選んでほしいと思います。

相談相手を間違えて一次相続を大失敗した事例

警鐘を鳴らす意味を込めて、相談相手を間違えたために相続を失敗してしまった事例を紹介しておきましょう。

相談者のSさん（55歳）は次男で、家族構成は、母（88歳）と、長女（60歳）、長男（58歳）です。

亡くなった父の相続（一次相続）の相続税の申告と納税がようやく終わり、ふと考えていると、Sさんは相続の手続きの一連の進め方がいまひとつ腑に落ちないところがあることに気づいたそうです。

そこで知り合いの金融機関に相談したことがきっかけで、私たちが相談に乗ることになりました。Sさんから事情を詳しく聞くと、次のような経緯であったことがわかりました。

相続発生後、父親が懇意にしていて駐車場の管理を任せていた地元の不動産屋の社長が来て、Sさんにこう言ったそうです。

「あなたのお父さんから、『自分に万が一のことがあった場合は、相続のことや土地の売却の手伝いを頼む』と託されていたんですよ」

Sさんもその社長のことは古くから知っており、相続申告の税理士も手配してくれるというので、相続に関する一切の手続きを任せることにしました。

問題は社長が連れてきた税理士でした。相続が発生してからというもの打ち合わせも数回だけで、「被相続人が死亡したことを知った日の翌日から10カ月以内」という申告・納税期限が近づいてきてもなかなか申告書ができません。相続税額がいくらかわからないまま、相続税の納税資金をいくら用意していいかわからず困っていると、社長が「相場よりも高く買ってくれるから」といって駐車場を買い取りたいという人を連れてきました。

納税資金が足りなくなるのは困ると考えたSさんら姉弟3人は、駐車場（250坪）を売却することにしました。

もともとSさんが家を継ぐことは決まっていました。しかし、遺産分割を検討するための資料を税理士が用意してくれないため、兄妹で具体的な遺産分割について話し合うことができないまま時間だけが過ぎていました。結局、相続税の申告に間に合わせるために、母が自宅を中心に財産の半分を相続し、それ以外の不動産は姉弟3人で共有することで急場をしのぐことになりました。

不動産屋の社長が連れてきた人とは、2億円で駐車場を売買するということで契約を結びました。そして、申告・納税期限直前の段階で、Sさんは税理士から相続税額が約9000万円だと知らされたというのです。すでに売買契約を結んでしまった駐車場は、高い稼働率で安定した収入をSさん一家にもたらしていたのです。あらかじめ相続税額が9000万円だとわかっていれば、250坪の駐車場をすべて売却する必要はなかったのです。

Sさんは、「余分に売らされた」と後悔しました。それだけでなく、「安く売らされたのではないか」と価格の妥当性についても疑念を抱くようになり、後味の悪さだけが残ったといいます。

駐車場の引き渡し（決済）も完了し、相続税の申告と納税も無事に終わっています。Sさんはすんだことは「仕方がない」と気持ちを切り替えたそうです。前向きなSさんは、結果的に姉弟間で共有となってしまった売却した駐車場以外の土地の今後について考えるようにし、そのなかで私たちが相談に乗るようになったのです。

その後、私たちは二次相続時の遺産分割を考えながら共有解消プランを提案し、共有物の分割と母の持ち分との交換などを行うことで共有問題を解消しました。さらに専門の税理士法人に見直しをしてもらった結果、すでに納税した相続税について更正請求を行うことで、約1000万円が還付されることになりました。その後も二次相続に向けて母の考えを遺言書としてまとめ、姉弟とも打ち合わせしながら対策を実行中です。

Sさんを含めた残された家族全員から「一次相続のときから相談すればよかった」との言葉をいただきましたが、すでに売ってしまった駐車場は私たちでも取り戻せません。

Sさんから聞いた経緯を振り返ると、不動産会社の社長は好立地の駐車場を売らせるために、税理士に対して「Sさん一家に納税期限ぎりぎりまで相続税額を伝えなくていい」といっていたかもしれないのです。

首都圏で多くの不動産を所有している都市農家・地主は、悪い業者に狙われやすいことは否定できません。あえて繰り返しますが、**相談相手を間違えると大切な財産を不本意に失いかねません。だからこそ相続対策では慎重に相談相手を選んでほしいと思います。**

土地を守るために都市農家（地主）が〝やるべき対策〟

都市農家（地主）が〝守るべき〟「相続対策の5原則」

都市農家の相続対策を考えるうえでは、一般的な「相続対策の3原則」に加えて、**「守り続ける農地を明確にする」「収入（キャッシュフロー）アップ」**を加えた5原則に従って行動することです。

◆都市農家（地主）の相続対策の5原則

①守り続ける農地を明確にする
②遺産分割対策（争続対策）
③相続税の対策
④相続税の納税資金対策
（②〜④：相続対策の3原則）
⑤収入（キャッシュフロー）のアップ（法人活用を含む）

①～④の順番は、実際に都市農家が相続対策を行う順番と考えてもいいでしょう。⑤はすべての対策に関係しますので、⑤を意識しながら進めていく必要があります。以降では、②～④の一般的な「相続対策の3原則」については簡単に説明し、都市農家（地主）ならではの「**①守り続ける農地を明確にする**」と「**⑤収入（キャッシュフロー）アップ（法人活用を含む）**」について、詳しく説明していきます。

絶対に知っておくべき基本「相続対策の3原則」とは？

一般的に、**相続対策を実施する際には「②遺産分割対策（揉めないようにする争続対策）」「③相続税の対策」「④相続税の納税資金対策」の3つを行うことが必要とされ、「相続対策の3原則」と呼ばれています。**

なかでも重要なのは、相続で揉めないように相続人同士が円満な遺産分割ができることを考えておく「遺産分割対策」です。そのうえで相続が開始したときに備え、相続税の納税猶予制度の活用も含めたベストな納税プランを考慮しながら、相続税対策と納税資金対策を行うことが大切です。

特に都市農家の場合は、財産の大半が不動産というケースが多いため、ただ納税地（駐車場などすぐに売れる土地）を確保するだけでなく、預貯金や生命保険金など流動性が高い資産で納税資金を用意しておくことも必要です。しかし、預貯金が多ければ税負担が重くなるので、相続財産の評価について考慮しながら納税資金を確保しておく必要があります。

都市農家（地主）の相続対策の原則①守り続ける農地を明確にする

「相続対策の3原則」を考える前に、まずやっておかなければならないのは、所有する土地について棚卸しを行い、土地を次の3つに分類することです。

- **自宅、特定の畑などの代々守っていくべき土地**
- **稼ぐ土地（活用すべき土地）**
- **処分してもいい土地（納税用に売却する土地、組み換えてもいい土地）**

一般的に都市農家・地主はできるだけ自分の代では農地（土地）を減らしたくないと考えます。しかし農地を残すことばかり考えると、結果的に多くの農地を失うことになりかねません。

なぜなら、多くの農地を残してもその土地からの収入が少ないことが多く、納税資金を蓄えられないため、結局、土地を売却して相続税を払うしかなくなってしまうからです。

農地を残したい場合でも、次の代を見据えて、しっかりとした農地維持計画をつくり、〝代々守っていくべき土地〟と〝稼ぐ土地（活用すべき土地）〟〝処分してもいい土地（納税用に売却する土地、組み換えてもいい土地）〟を明確にする必要があります。

都市農家（地主）の相続対策の原則⑤収入（キャッシュフロー）のアップ（法人活用を含む）

先祖代々受け継いできた土地を自分の代で失いたくないという気持ちとは裏腹に、都市農家の当主の多くは相続税を納税する際に、基本的に土地（駐車場や畑）を売却して相続税を払うという考え方が一般的で、実際にそうして納税する人が多いのが実情です。

相続税はさらに課税強化（増税）の方向性に進むと思われるため、都市農家（地主）にとっては、ますます相続税の負担が重くなっていくでしょう。今後はこれまで以上の工夫や発想の転換が必要です。より多くの財産を残すためには〝守るべき土地（農地）〟以外の土地の組み換えや、借り入れに頼らない不動産の有効活用で収入をアップさせたほうが結果としてより多くの土地（農地）を守ることができるのです。

加えて**法人を最大限活用して家全体の収入（キャッシュフロー）を上げ、相続人予定者の手元に多くのお金を残せれば、そのお金で相続税が払えます。さらに法人にお金を貯めて相続財産の一部を買い取れば、第三者に土地を売却せずに相続税の納税も可能です**（図表4―13、図

表4－14）。

こうした仕組みをつくれば、二代三代にわたってより多くの財産を残すことができ、結果として〝守るべき農地〟も維持することができるのです。

都市農家（地主）が農地・財産を守った成功事例

ここからは不動産を有効に活用することにより、農地（財産）を守っている都市農家の対策成功事例を紹介していきます。

事例①生産緑地に認可保育園を建て利回り20％に

ここでは認可保育園を開園した都市農家のHさんの成功事例を解説します。

ここではわかりやすくするために、Hさんの母の資産を、第5章でも使ってきた図表5―13の一次相続後の財産構成に置き換えて図表6―1に示しました。

Hさんは自宅周りの900坪の畑は守っていく考えで、自宅から道路を挟んで向かいにある貸し倉庫横の生産緑地300坪は二次（母の）相続時に売却して相続税を支払うための納税地として考えていました。

生産緑地を活用（売却）するためには、「生産緑地の解除」が必要なのは前述したとおりです。150ページの①～③のいずれかに該当しないかぎり「買取申出」はできず、アパー

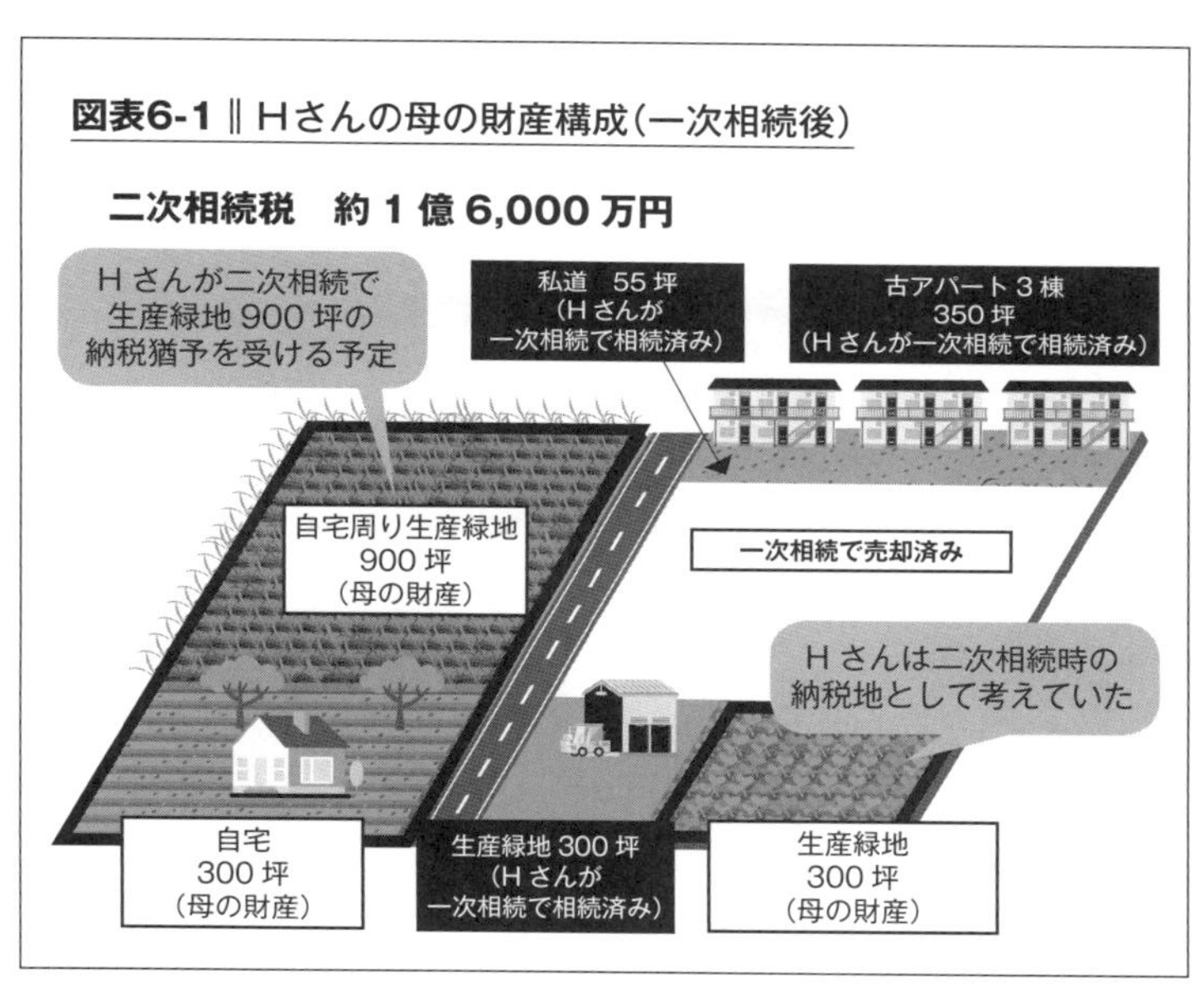

ト建築などの有効活用はできません。しかし、生産緑地法の第8条で定められている社会福祉事業に関する施設にかぎり、特例として生産緑地を解除せずに当該施設の土地部分を生産緑地地区から除外できるのです。

昨今は建築費が高騰していることもあり、アパートなどを建築しても首都圏でも表面利回りが7%～8%程度、なかには6%という低い表面利回りになる提案が少なくありません。これまでも説明してきたように低い利回りで全額を借り入れて賃貸物件を建築してしまうと、築後20年を経過するころには家賃が20%～30%下落し、キャッシュフローが立ち行かなくなる危険性がきわめて高いのです。

図表6-2‖生産緑地での保育園建設計画の概要

敷地面積	300坪
建築延床面積	160坪（木造1階建て）
総事業費（税込）	1億円 （うち建築費約9,000万円）
賃料（税込）	170万円／月 （2,040万円／年）

これから紹介する事例は、納税地と考えていた生産緑地に認可保育園を建設することで約20％の利回りを実現した成功事例です。

２０１６年には、「保育園落ちた日本死ね」という過激なフレーズが話題になったように、昨今、特に都内では待機児童が大きな社会問題になっています。待機児童の減少は、行政にとっても喫緊の課題です。不足している保育施設を増やすことが社会に強く求められていることから、待機児童が多いエリアでは、行政が積極的に新たな保育園設置を後押ししており、**運営事業者への補助金も手厚くなっています。**

保育施設の内装や設備は運営事業者側が負担します。つまり、建物を貸すほうからすれば、内装や設備にお金をかける必要がないため、通常の賃貸アパートに比べて安い建築費ですむというメリットがあります。建築したあとも内装や設備は運営事業者が負担する場合（契約内容にもよりますが)、建物本体のみの維持メンテナンスだけですみます。イニシャルコストのみならず、ランニングコストも抑えられるのです。

私たちがHさんに提案した保育園の建築計画は、図表6-2のようなものでした。その後、保育園の運営業者とは中途解約ができない20年契約を締結。契約期間内に中途撤退する場合は、敷金没収のほかに違約金などを設定したHさんにとっては安心できる契約内容にできました。しかも、年20・4%のとても高い利回りを実現できたのです。

法人で保育園の建物を建てたことで年間約1000万円の手残り現金を増やすことに成功しました。相続税の面から見ても、法人がHさんの母から土地を借りる(無償返還届を提出する)ことにより土地の評価額が20%下がります。それによって、このケースでは相続税も約1000万円下がりました。

法人の収支は、借入返済を20年にしても年間1000万円以上の手残り金(税引前キャッシュフロー)があるので、その額を役員報酬として相続人に支払うことで納税資金を貯めることができます。ちなみに、法人にその手残り金を留保する場合は、20年後に法人の累計留保金(現金残高)は約1億5000万円になる計算です。

仮に20年後に二次相続が発生した場合は、Hさんが法人に相続した保育園の土地の1億5000万円分を売却することで、Hさんは二次相続税(約1億5000万円)の約

80%の納税資金を用意できるので、土地を第三者に売却せずに相続税の納税が可能です（図表4－14）。二次相続で失う予定だった土地（生産緑地）が高収入を生み出す不動産として残るため、Hさんは安心して農業を続けていけるようになります。

都市農家では「自分の代で農地（土地）を売りたくない」と考えるのは一般的です。しかし、生産緑地を相続税を支払うために売却する納税地としてとっておくよりは上手に活用すれば、守るべき農地以外の土地まで守れる可能性があります。効率的に不動産を有効活用するには、目の前の相続だけでなく、長期的なスパンで相続対策を考えたほうが幅広い選択肢から自分に合った方法を選ぶこともできるということです。

事例②好市況下で不動産を組み換え、農地を守るどころか財産を増やすことに成功！

ここでは長くお付き合いをいただいている都市農家のIさん一家の事例を紹介します。結果だけを見れば、運が良かっただけと思われるかもしれません。しかし、この事例が成功したのは、Iさんが好機を逃さずに適切な決断をしたからです。具体的には、不動産市況がいい時期に2回の不動産組み換えを行ったことで大きな成功を収めています。

その話は1994年まで遡ります。

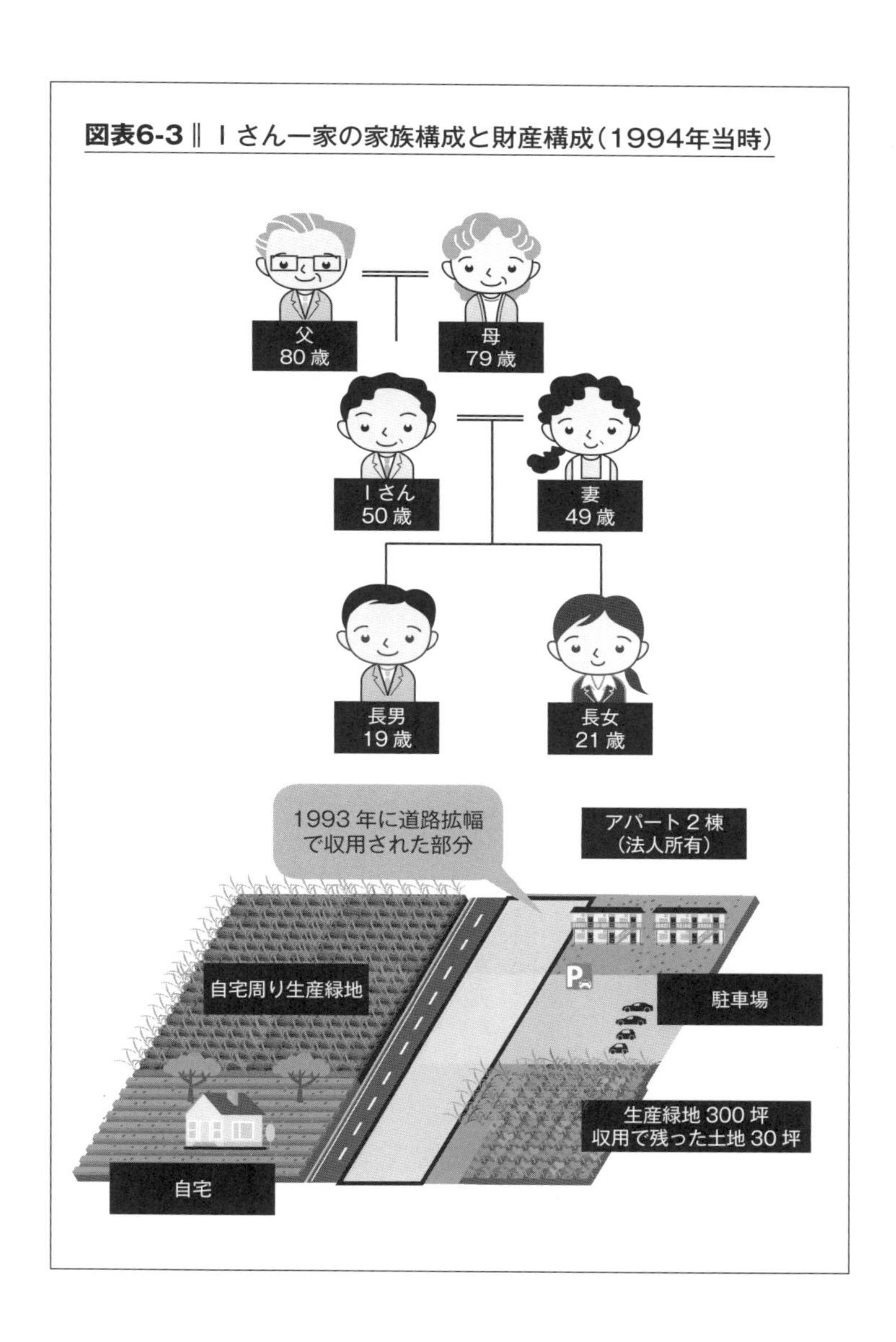

図表6-3‖ Iさん一家の家族構成と財産構成（1994年当時）

【1994年当時の家族構成】

父　80歳
母　79歳
Iさん　50歳
Iさんの妻　49歳
長女　21歳
長男　19歳

バブル末期の1993年、Iさん一家の土地400坪が道路拡幅のために収用され、5億円が手に入りました（図表6-3）。その際に、私たちに対し、「相続税がどれくらいになるのか」「納税資金は足りるのか」「効果的な相続対策ができないか」といった相談が持ち込まれたのが、その後の長いお付き合いの始まりでした。そこで収用後の相続税額を計算すると、次のような結果になりました。

【収用後の相続税額】

課税資産総額　21億円

一次相続税額　約5億円
二次相続税額　約4・4億円

私たちのアドバイスで、自宅周りの生産緑地（900坪）を代々残していくためにも、収用で得たお金で都心の不動産を購入し、将来のことを考えて土地は父、建物は法人が購入するプランを提案しました。その後の経緯を簡単にまとめると以下のようになります。

◎1994年

収用があった翌年に都心の好立地のビル1棟6億円（土地4・5億円、建物1・5億円、利回り7・7％）を購入。養子縁組などの全般的な対策を実施した結果、相続税額は以下のようになりました。

【対策後の相続税額】
一次相続税額　約3・7億円
二次相続税額　約2・9億円

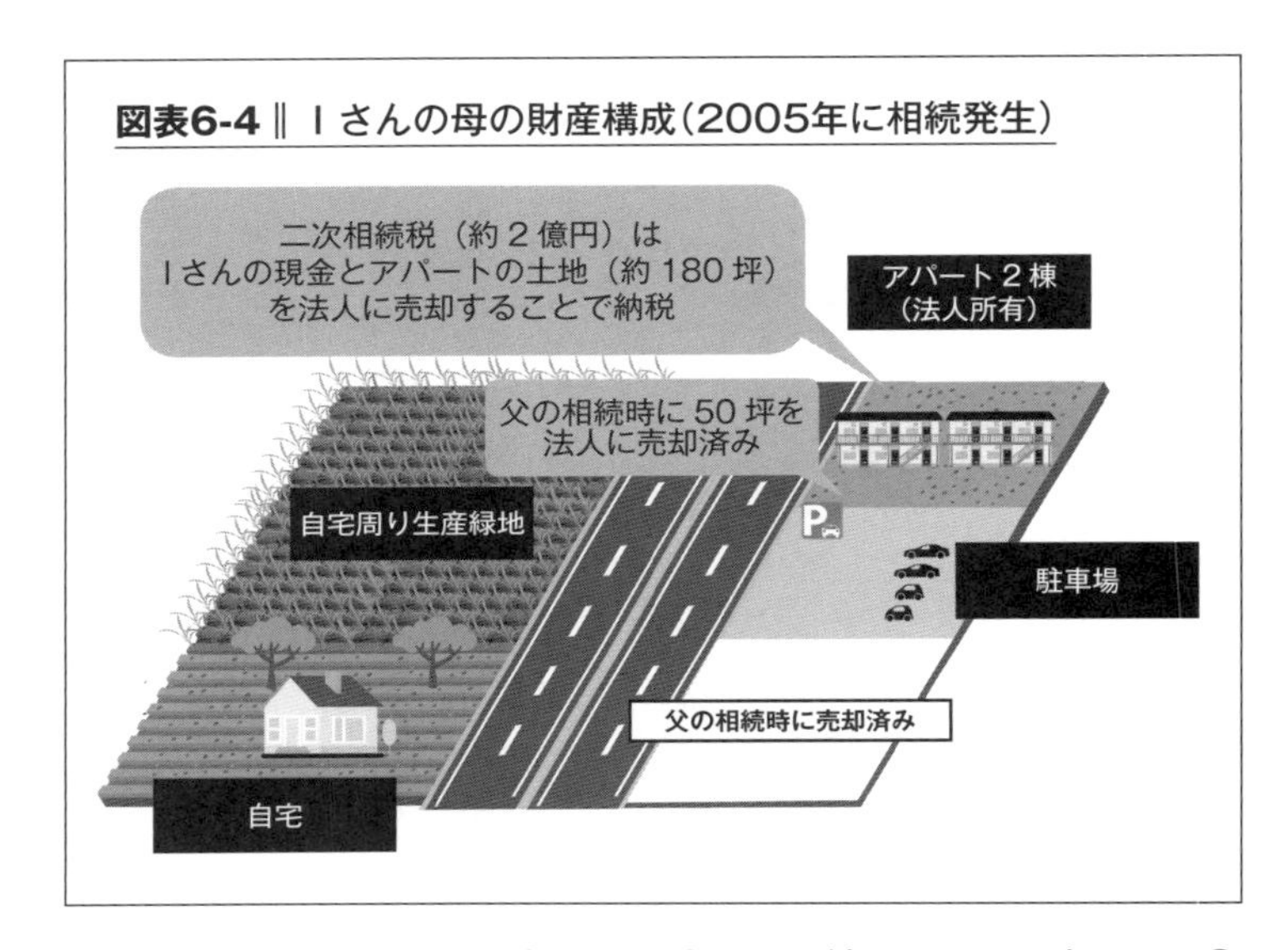

◎１９９６年

この年にＩさんの父は他界。収用で残った土地（約30坪）と生産緑地（３００坪）を第三者に売却し、アパート（建物は法人所有）の土地の一部（50坪）を法人に売却して、相続税を支払いました（図６－４）。

◎２００５年

Ｉさんの母が他界し相続が発生しました。相続税は約２億円（地価下落や相続税改正などにより相続税額は減少）でしたが、Ｉさんが納税資金のために貯めていた役員報酬とアパート（建物は法人所有）の土地の残り部分（約１８０坪）を法人に売却して相続税を支払いました（図６－４）。

◎2007年

当時、不動産ミニバブルで都心部の不動産が高騰していました。Iさんは1994年に購入した都心のビルを7・5億円で売却。売却代金はIさんと法人が取得します。

◎2008年

不動産の売却代金を元手に買い換えを行うことを考えていたIさんですが、2008年に入り不動産市況が軟調になっていたこともあり、「特定事業用資産の買い換え特例」を適用して譲渡税の一部の繰り延べを行いつつ、不動産市況を睨みながら自分の条件に合う都心の不動産を探していました。

不動産を探しているさなかの9月、リーマン・ショックが発生したことで、不動産価格が暴落しました。その結果、不動産ミニバブルは完全に弾け、それまで高騰していた不動産価格は一時バーゲンセール状態になり、絶好の収益物件購入のチャンスが到来したのです。

今になって振り返ると、この年の9月～12月頃は、今では考えられないような高利回り（＝安い価格）で売りに出される収益物件の情報を簡単に探すことができました。

このときIさんは数ある物件情報のなかから将来再開発の可能性があるといわれていたエリアの事務所ビルを8億円（利回り約8％）で購入します。その内訳は、Iさん個人が5億円の土地を購入し、建物は法人が約3億円の借り入れをして購入しました。

◎2017年

2008年に購入した都心の事務所ビルのエリアが、Iさんの目算どおり、民間の再開発にかかったことで14億円という高値での売却に成功します。購入したときに5億円だった土地部分は、「特定事業用資産の買い換え特例」を使っているため、約2億円の譲渡税が発生しましたが、その譲渡税をはるかに上回るキャピタルゲインを出すことができました。私たちのアドバイスをもとに不動産の組み換えを2度行ったIさんは、2回の好機を見逃さずに不動産の組み換えを行い、相続で財産を減らすどころか、大きく増やすことができたのです。

過去を振り返ると簡単な決断に思えますが、リーマン・ショックで不動産価格が暴落するなかで購入を決めることはなかなかできるものではありません。この事例の成功はIさんの好機を逃さなかった勇気ある決断があったことはたしかですが、もうひとつ忘れてはいけないのは、守り続ける農地を明確にして、それ以外の財産は組み換えなどをしながら有効活用し、法人も活用しながら収益アップさせることを長い時間軸で考えながら実行したことです。

75歳になったIさんは、20年以上前から残される家族が相続で悩むことはないように手を打ち、予想を上回る成果を上げることができたので、相続が発生しても相続税の現金納付が可能な資金をすでに確保しています。まだまだ元気なIさんは、次なる不動産購入のチャンスを虎視眈々と狙っています。

事例③都内では特別養護老人ホームによる生産緑地の活用は有力な選択肢になる

特別養護老人ホーム（以下、特養）による不動産の活用は、運営する社会福祉法人選びを間違わなければ、都市農家・地主にとって効果的な活用方法です。なかでも多額の補助金が出る東京都では有効な土地の活用方法といえます。

従来、特養を運営する社会福祉法人は建物を借り受けて運営できませんでしたが、2016年7月に規制が緩和され、有料老人ホームと同様、特養の運営事業者も「建物」を借り受けて運営できるようになりました（ただし、法人が建物の貸主になるには一定の要件あり）。

ちなみに規制緩和以前は、地主が特養などを運営する社会福祉法人に対して土地を貸す場合は、定期借地権で土地を貸すしかなく法人活用ができず、土地所有者（地主）の所得税の負担が大きくならざるを得ませんでしたが、規制緩和によって状況が大きく変わったのです。

東京都では向こう30年間、75歳以上の人口は増加します。現状、介護施設は高齢者の数に比べて圧倒的に不足しています。介護人材不足などの懸念材料はあるものの、今後も介護施設（特に特養）不足は解消されそうにありません。とはいえ、介護保険制度の財政的な問題から際限なく介護施設を増やすことはできないため、昨今問題になっている賃貸アパートのような供給過剰に陥る心配は少ないのです。

事例①でも説明したように、社会福祉事業に関する施設を建設するのであれば、生産緑地でも可能です。東京都は特養の建設に手厚い整備補助金を用意しているので、その点についても触れながら、特養を建設する活用方法について簡単に解説します。

東京都福祉保健局が公表している資料「特別養護老人ホーム等整備費補助制度の概要」（平成31年2月版）に書かれている「整備費補助」と「定期借地権の一時金に対する補助」について見ていきます。

特養整備には、次の2つの手法があります。

- **事業者整備型**……都内で特養を運営しようとする事業者が、自ら特養（定員30人以上の特養に限る）を整備する場合
- **オーナー型**……都内で土地所有者（土地所有者から土地の貸与を受けて建物を整備する者を含む）が、運営事業者に貸し付ける目的で特養（定員30人以上の特養に限る）を整備する場合

２０１６年７月に規制が緩和されるまでは、運営事業者が「建物」を借り受けて特養の運営を行う「オーナー型」による特養の運営は認められていませんでしたが、図表６−５のように「オーナー型」と呼ばれる方法で特養をつくれるようになりました。この「オーナー型」は土地所有者・運営事業者の双方にとってメリットがある仕組みになっています。

ここで特に気になるのは、土地所有者に対する特養の整備費補助の具体的な額ではないでしょうか。

補助額の計算は図表６−６のように、少し複雑です。定員１人あたり「基準単価」に、介護サービス等を併設する場合に加算され

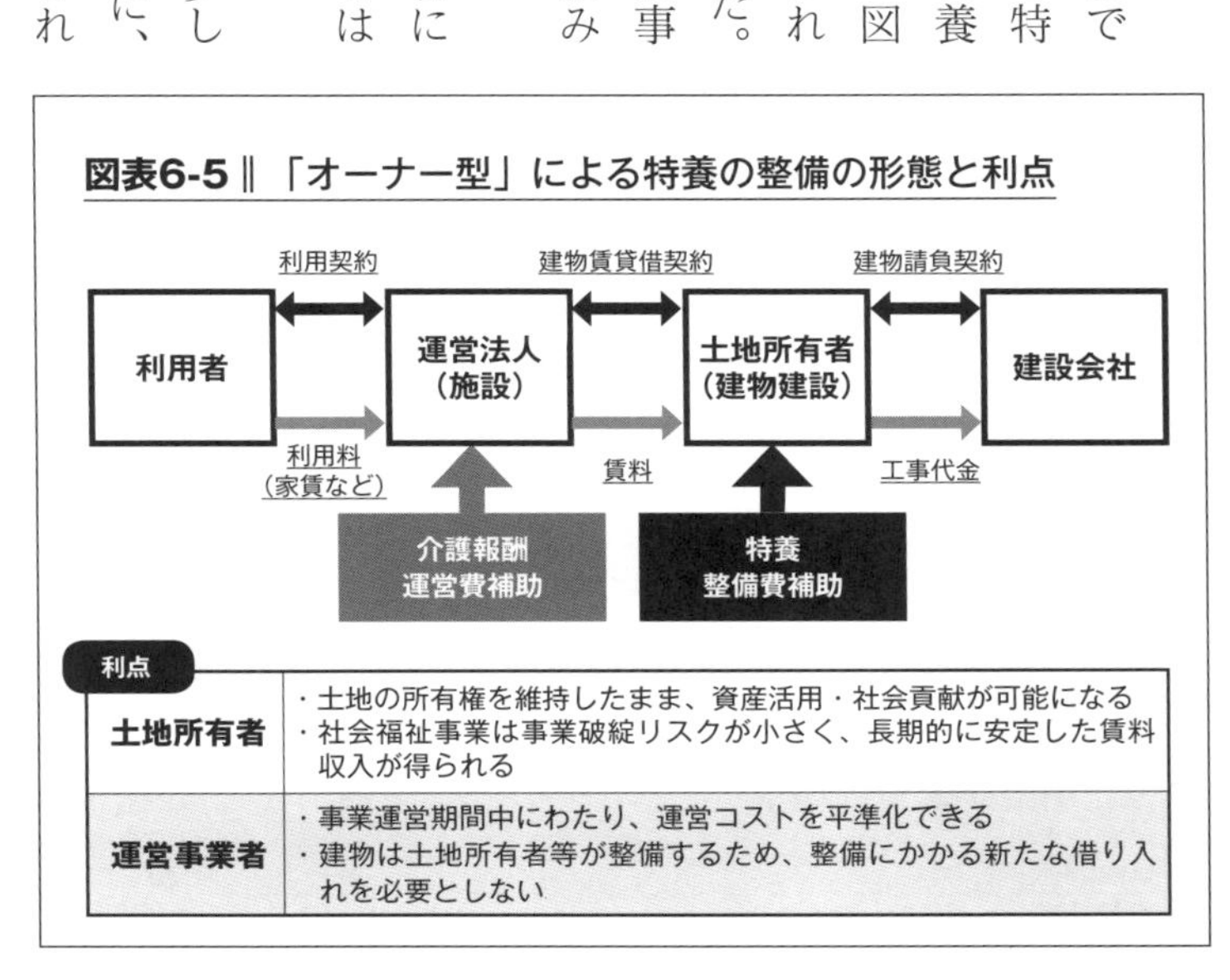

図表6-5‖「オーナー型」による特養の整備の形態と利点

利点

土地所有者	・土地の所有権を維持したまま、資産活用・社会貢献が可能になる ・社会福祉事業は事業破綻リスクが小さく、長期的に安定した賃料収入が得られる
運営事業者	・事業運営期間中にわたり、運営コストを平準化できる ・建物は土地所有者等が整備するため、整備にかかる新たな借り入れを必要としない

図表6-6 ‖ 特別養護老人ホームの整備費補助の概要（2019年2月現在）

定員１人あたりのユニット型補助単価の計算式

１人あたりの補助単価＝（基準単価＋併設加算）×促進係数＋高騰加算

補助基準額（ユニット型、定員１人あたり）

整備区分	基準単価
創設	5,000,000円
増築、療養転換創設、療養転換改築	5,000,000円
改築（同一運営者による同一区市町村内の事業所移転は併設加算は対象外。促進係数は対象外）	6,000,000円
改修型創設	3,750,000円
増床型改修	2,500,000円

併設加算

併設するサービス（事業所）	加算額
看護小規模多機能型居宅介護事業所	350,000円
認知症高齢者グループホーム、小規模多機能型居宅介護事業所	300,000円
認知症対応型デイサービスセンター	100,000円
介護予防拠点	75,000円
訪問看護ステーション、夜間対応型訪問介護事業所、定期巡回・随時対応型訪問介護看護事業所	50,000円
地域包括支援センター	10,000円

促進係数（島しょ部は除く）

促進係数	区市町村
1.5	文京区、品川区、大田区、目黒区、世田谷区、渋谷区、新宿区、中野区、杉並区、荒川区、江戸川区、国立市、武蔵野市、三鷹市、府中市、調布市、小金井市、狛江市
1.4	中央区、豊島区、北区、板橋区、練馬区、墨田区、江東区、日野市、西東京市、小平市
1.3	千代田区、港区、台東区、足立区、葛飾区、多摩市
1.2	立川市、昭島市、町田市、東村山市、国分寺市、東大和市、清瀬市、東久留米市、武蔵村山市、稲城市
1.1	なし
適用なし	青梅市、福生市、羽村市、あきる野市、瑞穂町、日の出町、檜原村、奥多摩町

高騰加算（ユニット型の場合）

促進係数	加算額
創設	1,250,000円
増築、療養転換創設、療養転換改築	1,250,000円
改築	1,500,000円
改修型創設	938,000円
増床型改修	625,000円

る「併設加算」を足して、「促進係数」と呼ばれる地域ごとに異なる係数をかけたうえで、さらに建築価格の高騰に緊急的に対応するための「高騰加算」を足して算出されます（詳しくは、東京都福祉保健局にお問い合わせください）。

たとえば、促進係数1・5の地域で定員100人の特養（看護小規模多機能型居宅介護と認知症高齢者グループホームを併設）を整備するとすれば、各要素は次のようになります。

・基準単価　500万円
・併設加算　上限50万円（100人分まで）
（内訳）
　看護小規模多機能型居宅介護　35万円
　認知症高齢者グループホーム　15万円
・促進係数　1・5
・高騰加算　125万円
・定員　100人

これらの数字を図表6-6の計算式に当てはめて「1人あたりの補助単価」を計算し、

そこに人数をかけると、整備費の総額は「9億5000万円」になります（図表6−7）。

東京都の資料では、100床規模の特養建設にはおおむね17億円の工事費が必要とされているので、その半分程度は東京都からの補助でまかなうことができます。自分の土地に特養を建設する際に、この制度を利用すれば借り入れ負担を大きく軽減できるのです。

また土地所有者が社会福祉法人と定期借地権の契約を結んで社会福祉法人に施設の建設をしてもらう場合でも、東京都は土地の賃料の一時金（賃料の前払いとして授受されたものに限る）を最大10億円助成するなど、手厚い補助を行っています。

東京都がこうした手厚い助成を行うのに

図表6-7‖補助金の交付額　代表的な事例

■平成30年度　東京都補助金交付要綱による試算

定員1人あたり補助単価

基準単価	＋併設加算	×促進係数	＋高騰加算
500万円	上限50万円 （100人分まで）	整備する地域により 1.0〜1.5の5段階	125万円

【代表的な事例】

促進係数1.5の地域で定員100人の特養を整備

看護小規模多機能型居宅介護と認知症高齢者グループホームを併設

➡ **（基準単価500万円+併設加算50万円）×促進係数1.5**
+高騰加算125万円×100人＝9億5,000万円

➡ 100床規模の特養建設には、おおむね**17億円程度**の工事費用が必要

➡ 9億5,000万円÷17億円＝約56%　**5割強の実効補助率**

は理由があります。東京都では2017年度末の特養の入所所定人数4万7048人を2025年度までに6万2000人程度まで増やし、要介護度3以上で入居できない待機者をゼロにすることを目指しているのです。

今後ますます高齢者が増え、特養への入所希望者が増加すると見込まれるなか、東京都は不足する特養の整備を進めるため、区市町村向けに特養の候補地探しを支援する方針も打ち出しています。具体的には、民間の不動産会社やコンサルティング会社などに対して補助金を出し、区市町村にない民間のノウハウを活用しながら、土地所有者と特養を建設する社会福祉法人のマッチングを進めていこうとしています。

東京都がこのような仕組みをつくった背景には、区市町村が不動産会社やコンサルティング会社に事業を委託しなければ、特養向けの土地を探せないという裏事情があります。

たとえば、有料老人ホームの建設提案の多くは、主に建築会社があらかじめ介護事業者と組み、事業者をセットした状態で提案されることがほとんどです。当然のことながら、建築会社は提案を通して建設工事を請け負うために営業活動を行います。

しかし、特養の建築会社は区市町村などの公募（入札）で決まるわけですから、いくら営業活動をしたところで受注できるかどうかわかりません。建築会社が地主に積極的に特養の建築を提案するインセンティブ（動機）が働かなかったのでしょう。このような裏事情は業界の専門家でもないかぎり知る由もありません。

ここでは**生産緑地でもできる有効な土地の活用方法として、東京都の手厚い整備補助金（定期借地権設定時の一時金を含む）の出る特別養護老人ホーム（特養）**について解説しましたが、**もちろん生産緑地以外でも可能であることはいうまでもありません。**

東京都の場合、**特別養護老人ホームの有効活用以外にも手厚い補助金があり、将来も安定した需要が見込める有効活用方法として、認知症高齢者グループホーム(以下、グループホーム)の建築があります。**特養とは違い200坪程度以上の土地で、低層住宅しか建てられないエリア（第一種低層住居専用地域）の土地でも建築が可能なので、整備計画（公募）対象地域の土地所有者にとっては非常に有利な有効活用方法のひとつです。公募対象地域でかつ整備計画数しかできませんので供給過剰の心配がなく将来的にも安定した需要（賃貸収入）が見込めます。実際に私たちは補助金を使ったグループホームの提案は積極的に行っており、私のお客様も昨年（2018年）府中市で1カ所開設しましたが、地域にも貢献でき、収益性も良く、とても喜んでいただいています。

信頼できるパートナーを見つけなければ、相続対策は成功しない

余談になりますが、グループホームの建築業者の選定も市区町村の公募（入札）で決定さ

れるのですが、実は過去に驚くべき事実もありました。

私たちと知り合ったあとでわかったことですが、23区内の地主のEさんは、**補助金の存在を知らされないまま、テレビCMでも有名な建設会社F社でグループホームを建築していたのです。**F社が補助金の存在を知らせなかったのは、補助金を使ってグループホームを建築すると、公募（入札）になってF社が建築を受注できなくなる可能性があったからでしょう。

「かぼちゃの馬車」問題やサブリースアパート会社の建築基準法違反問題、過酷なノルマからくる強引な営業体質など、この業界には〝業界の闇〟的な体質が見え隠れしますので、不動産オーナーや都市農家（地主）の皆さんは、**慎重なパートナー選びが大切な財産を守るためには非常に重要になっています。**

最後に私たちが行っている土地の有効活用においての本来あるべき〝やり方〟について解説しておきたいと思います。

本章の「実際にあった建築営業のひどい話」の事例②で、非常に不利な契約内容で老人ホームを建ててしまった地主のDさんの事例を紹介しました。たとえば、私たちがDさんから駐車場の活用方法を相談された場合で、仮に結果として同じ老人ホームの有効活用がいいとなった場合でもそのプロセスと結果（内容）に大きな違いがあります。

私たちはDさんから駐車場の有効活用をしたいと相談を受けた場合でも、私たちはまずD

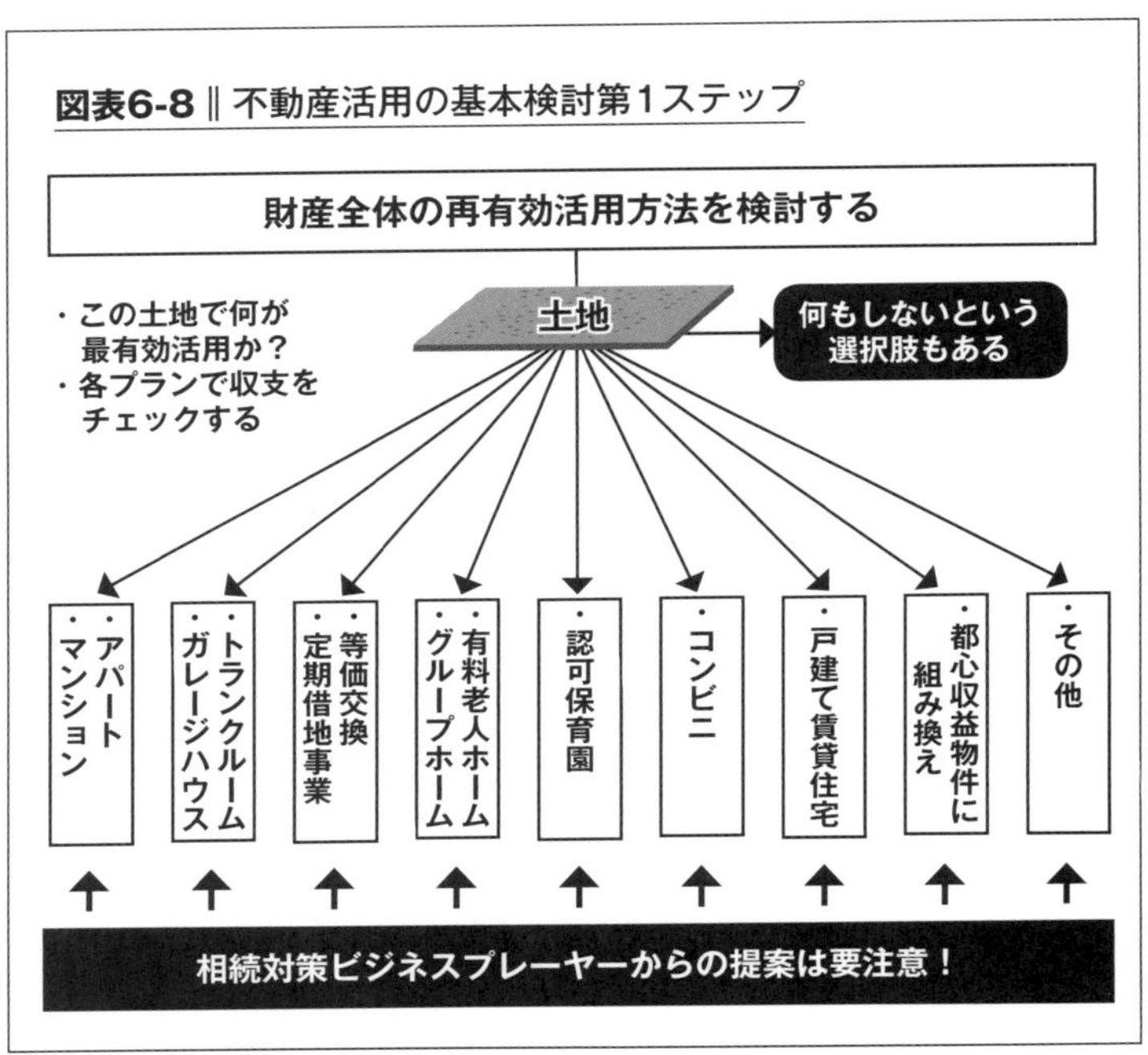

さんの財産全体の分析からやらせていただくことにしています。なぜならば、Dさんの財産全体を把握しなければ、本当にその土地を活用していいのかわからないからです。第4章の事例にもありましたが、その土地に建物を建ててしまうと遺産分割の際、困ってしまうこともあるので、**まずは財産全体を把握し、相続税の納税や将来の遺産分割も見据えたうえで、その土地は活用すべき土地だと判断した場合のみ有効活用の提案を行います。**

その場合、まずその土地でどのような有効活用ができるのかを検討します（図表6-8）。すべての活用方法を収益性やリスクなどを比較したうえでどのような活用方法がいいのかを検討します。その結果、老人ホームとして土地を有効活用するのが最善の方法で、かつそのエリアで整備計画（募集枠）もあるのなら、まず実績と信用度が高く、そのエリアで運営を希望する最も契約条件（家賃など）のよい介護事業者（運営事業者）を探します。

そして建築会社は入札などで複数社のなかから最も条件（価格など）がよく、信頼できる建築会社を選び、ベストな組み合わせを実現させます。

前出の事例②のように、**たまたま提案してきた建築会社とセットされていた介護事業者がベストな組み合わせである可能性はかなり低いでしょう。**そのような建築会社が介護事業者をセットしての提案の場合、老人ホームを「やるか」「やらないか」だけの選択となってしまい、建築費も競争原理が働かず高いものになるだけでなく、介護事業者との契約条件も他社と比較検討することができず不利なものになりがちです。私たちなら依頼者のメリットを最優先に考え、多くの選択肢からベストな選択ができるような提案を行います。

先ほども書きましたが、「かぼちゃの馬車」問題や一部上場会社による建築基準法違反建物の建築などに象徴されるように、サブリースアパートの建築業界や個人投資用不動産業界には自社の利益の追求のためには、手段を選ばない会社がまだあることも残念ながら事実です。

自社商品のセールスをゴリ押しする提案者ではなく、**本当に相談者の立場で相談に乗ってくれる信頼できるパートナーを見つけることが、特に不動産相続対策を行ううえでは大切であり、負動産にしないだけでなく、それが対策の成功を大きく左右することは間違いありません。**

あとがき

私たち青山財産ネットワークス（以下、AZN）は個人資産家向けには相続対策を中心に、財産の保全と収益の向上を多角的にサポートし、企業オーナー向けには事業承継に関するあらゆる課題を解決する総合コンサルティング会社として、「100年後もあなたのベストパートナー」をコーポレート・コピーとし、〝財産を（相続等から）守る〟ことを第一として、お客様が抱えている課題解決のお手伝いをしています。そのなかでも私が所属する財産コンサルティング事業本部（第一本部および第二本部）のお客様の多くは、不動産オーナーや都市農家（地主）の方々です。

日本はすでに高齢化社会となっており、総務省によると、総人口に占める高齢者人口（65歳以上人口）の割合は28・1％（2018年9月15日現在）であり、第1章でも書いたように2025年には、最も大きな人口層の団塊世代の人たちも75歳を超えることからも、今後高齢化の進展とともに、ますます相続が増加していくことは間違いありません。

そのような背景からも今後も相続対策への関心はますます高くなるでしょう。不動産は相続税の評価上の有利さや活用できる特例などから相続対策上切っても切り離せないものとなっています。

相続対策における不動産関係のビジネスは、不動産相続ビジネスとも呼ばれ、相続申告を扱う税理士業界だけでなく、これまで何度も出てきたサブリースアパート建築会社に代表される建築業界、不動産業界、保険業界および信託銀行をはじめとする銀行（金融関係）業界、そして証券業界までも、これから来る大相続時代を睨んで、不動産相続ビジネスに何らかのかたちで関わってきています。

逆（お客様側）の立場に立ってみると、「どこに相談すればいいのか」「誰を信用すればいいのだろうか」と悩ましいはずです。ほとんどの会社が、どこも「顧客第一主義」「お客様のために」を掲げて営業しています。私たち（AZN）も経営理念に「私たちは、財産の承継・運用・管理を通じてお客様の幸せに貢献していきます」と謳っています。表面的には変わらないように見えます。また、私たち（AZN）がどういう仕事（コンサルティング）をやっているのかよくわからないという声を聞きます。たしかに私たちの仕事の取り組み方は少し特徴的かもしれません。私がホームページなどからお問い合わせをくださった方の相談に乗らせていただくと、「こんな会社があったのですね、もっと早く知りたかった」などのうれしいお言葉をよく頂戴します。

そんなこともあり、私たちのことをもっとよく知ってもらいたいという思いと、巷で横行している〝やってはいけない相続対策〟をさせられてしまい将来的に不幸になる人を少しでも減らしたい、正しい相続対策で財産を守ってもらいたいという思いから、２０１６年に『やってはいけない 不動産 相続対策』という本を書きました。

前著では不動産相続ビジネスが盛り上がりを見せるなか、相続対策を口実にした自社製品のセールス優先の提案に惑わされて〝やってはいけない相続対策〟の罠に陥ることがないよう警鐘を鳴らし、「財産を守る」ためには「まさか」にも備えられる最適な財産ポートフォリオを構築しておくことの重要性についても触れさせていただきました。

本書でも、前著に続き「まさか」への備えについて書きたかったのですが、構成とページ数の都合で書けなかったことがあります。それは「認知症への備え」です。厚生労働省の資料では65歳以上の高齢者のうち認知症およびその予備軍は、２０２５年には３人に１人になるとの予想も出ているので、「まさか」とはいえない状況ですが、自身は大丈夫だと思っていたり、気にはしていても特段何もやれていないのが、資産家の「認知症への備え」です。実際に、自身や親が認知症になってしまった場合や認知症になってしまうかもしれないことへの備えに対する相談が増えています。

認知症になった場合や将来、認知症になってしまうことを想定する場合には、任意後見制度や法定後見制度の活用が周知されています。しかし、これらの後見制度は認知症などで判断能力が衰えた人（被後見人）を、後見人が不当な契約などから守るための制度（あくまでも被後見人のための制度）です。被後見人が財産を相続する子どもたちなどのために相続対策や財産運用をしたいと考えていても後見が開始すれば、相続人のために手を打てなくなってしまうのです。被後見人のために自宅を処分（売却、賃貸、抵当権の設定など）する必要がある場合は、家庭裁判所の許可を得れば可能ですが、一般的には認知症になってしまうと不動産を動かすことができなくなります。

すぐにでも長男など家族の誰かに財産を任せる場合は、通常の民事信託契約でも対応できますが、自分が元気なうちは自身で財産管理をしたいが、万が一自身が認知症になってしまったら長男などに財産を任せたい場合はそれでは対応できません。ＡＺＮでは、もし認知症になって意思能力を喪失してしまったときでも円滑な財産管理・相続対策を行いたいというニーズに対応するため、民事信託を使ったコンサルティングサービス「転ばぬ先の杖信託コンサルティングサービス」を提供しています。

不動産を負動産にしない相続対策、最適な財産ポートフォリオの実現、まさかに備えた認知症対策など、ＡＺＮは都市農家（地主）にかぎらず、企業オーナーをはじめとする富裕層の方々のさまざまな悩みに対するソリューションを提供しています。困ったことやわからないことなどがあれば、ＡＺＮの財産コンサルティング事業本部（ＴＥＬ０３・６４３９・５８０３）まで遠慮なくお問い合わせください。「１００年後もあなたのベストパートナー」でありたいと思っている私たちは、きっとみなさんに満足していただける解決策をお示しできるはずです。

２０１９年３月吉日

株式会社青山財産ネットワークス
執行役員　高田吉孝

【著者紹介】

高田吉孝（たかだ・よしたか）

資格：CFP（1級FP技能士）、公認不動産コンサルティングマスター、宅地建物取引士
1961年、大阪府泉佐野市生まれ。近畿大学経済学部卒業後、株式会社NTNを経て、2003年に株式会社青山財産ネットワークス（旧・船井財産コンサルタンツ）に入社。異業種からの転身だが個人でのグローバルな資産運用・不動産投資の経験が長く、入社後は土地持ち資産家のコンサルティングを中心に活躍。現在は執行役員として財産コンサルティング第二事業本部の本部長を務め、相続の事前対策から事後対応をはじめ、総合的な財産コンサルティングを幅広く手掛ける。相続対策・不動産コンサルティング実績は数百件におよぶ相続不動産コンサルティングの第一人者。セミナーや動画【相続対策チャンネル】、ブログでの情報発信の他、週刊ダイヤモンド・東洋経済・エコノミストなどのビジネス誌他、業界紙への寄稿、原稿&コメント協力の実績多数有り。著書に『やってはいけない 不動産相続対策』（実業之日本社）がある。

【会社概要】

株式会社青山財産ネットワークス

（東証二部上場　証券コード：8929）
所在地：東京都港区赤坂8丁目4番14号　青山タワープレイス3階
設立：1991年9月17日
資本金：10億8893万円　※2018年12月31日現在
従業員数：203名（グループ連結）　※2018年12月31日現在
代表者：代表取締役社長　蓮見正純
事業内容：財産コンサルティング、事業承継コンサルティング、不動産ソリューションコンサルティング

青山財産ネットワークスは資産家と企業オーナー向けに、不動産・金融・財務など各分野の専門性を生かし、相続対策、保有不動産の有効活用、不動産の購入・売却、財産運用などのコンサルティングを提供している。設立以来28年間にわたり、在籍する経験豊富なプロフェッショナルコンサルタントと他分野の専門家を束ね、計画策定から実行に至るまでの実行支援サポートを展開。税理士・会計士など有資格者も多数在籍している。

【不動産相続対策等に関するお問い合わせ先】

株式会社青山財産ネットワークス
電話：03-6439-5803

After 2020年
不動産オーナー＆都市農家が負動産にしない 不動産 相続対策

2019年3月25日　初版第一刷発行

著　　者　高田吉孝
発 行 者　藤井省吾
発　　行　日経BP社
販　　売　日経BPマーケティング
〒105-8308　東京都港区虎ノ門4-3-12

装　　幀　FANTAGRAPH
撮　　影　清水タケシ
編集協力　バウンド
印刷・製本　大日本印刷

ISBN：978-4-296-10195-5